Racine et Shakspeare

Stendhal

© 2024, Stendhal (domaine public)
Édition : BoD • Books on Demand GmbH, In de Tarpen 42, 22848 Norderstedt (Allemagne)
Impression : Libri Plureos GmbH, Friedensallee 273, 22763 Hamburg (Allemagne)
ISBN : 978-2-3225-5413-3
Dépôt légal : Septembre 2024

RACINE ET SHAKSPEARE (1823)

Préface

Chapitre Ier — Pour faire des Tragédies qui puissent intéresser le public en 1823, faut-il suivre les errements de Racine ou ceux de Shakspeare ?

Chapitre II — Le Rire.

Chapitre III — Ce que c'est que le Romanticisme.

RACINE ET SHAKSPEARE N°II
ou
RÉPONSE AU MANIFESTE CONTRE LE ROMANTISME (1825)

Avertissement

Préface

Lettre I — Le Classique au Romantique.

Réponse — Le Romantique au Classique.

Lettre III — Le Romantique au Classique.
Lettre IV — Le Classique au Romantique.
Lettre V — Le Romantique au Classique.
Lettre VI — Le Romantique au Classique.
Lettre VII — Le Romantique au Classique.
Lettre VIII — Le Romantique au Classique.
Lettre IX — Le Classique au Romantique.
Lettre X — Le Romantique au Classique.
Protestation

APPENDICES À RACINE ET SHAKSPEARE

I — Qu'est-ce que le romanticisme ?
II — Des périls de la lanque italienne.
III — Du Romanticisme dans les beaux-arts.
IV — De Molière, de Regnard et de quelques objections.

PRÉFACE DE L'ÉDITEUR

———

Aucun livre ne fit tant à Paris pour la célébrité de Stendhal que celui-ci qui lui valut d'être traité par Sainte-Beuve de hussard du romantisme. Pour qui sait le lire il demeure la plus importante des œuvres où il ait exprimé, les idées littéraires de sa maturité.

Beyle avait reçu à Grenoble une bonne éducation classique. De longues années il lut La Harpe avec passion, et d'autres années non moins longues lui furent nécessaires pour arriver à délaharpiser *son goût. Son admiration pour Racine et Molière avait été particulièrement vive et ne diminua qu'à mesure que croissait son culte pour Shakspeare.*

Car il ne faudrait pas croire, — ainsi qu'il voulut, en nous le disant dans la suite, se le persuader à lui-même, — que Beyle ait été dès les bancs du collège un admirateur du grand Will. Il le lut toutefois fort jeune, mais ne le comprit et ne l'aima pleinement qu'en sa maturité. Son goût pour Racine suivit une évolution parallèle mais inverse.

En 1803 il conseillait à sa sœur Pauline de lire un acte de Racine chaque jour, et il ajoutait : « C'est le seul moyen de parler français. » Quelques mois plus tard il notait en sortant de Bajazet : « *J'ai bien admiré Racine ce soir. Il a une vérité élégante qui charme. Ce n'est pas le dessin de Michel-Ange ; c'est la fraîcheur de Rubens.* » *Et dans le même temps il jetait sur le papier ces quelques* Remarques sur le stile de l'immortel Racine *qui se trouvent parmi ses manuscrits de Grenoble.*

En 1807, si nous voyons poindre une nuance de mépris dans son jugement, c'est qu'il ne s'agit déjà plus tant de théories littéraires que de politique. Le jeune partisan laisse parler son aversion pour la cour de Louis XIV.

En 1818 à Milan, il applaudit avec passion les ballets de Vigano et les comparant aux tragédies héroïques de Shakspeare, il ajoute : « Ce n'est pas Racine ou Voltaire qui peuvent faire cela. »

À fréquenter assidûment le théâtre, sitôt son arrivée à Paris et durant tout le temps qu'il y séjourna, Beyle renouvela sa connaissance de la littérature, — j'entends cette connaissance approfondie, réfléchie, qui seule peut projeter quelque lumière neuve sur l'œuvre en discussion. Aussi se trouva-t-il bien armé pour les querelles littéraires à une heure où la doctrine classique partout combattue se réduisait, ou à peu près, à une théorie du théâtre. Pendant plus de dix ans il s'était acharné à écrire des tragédies classiques ou des comédies à l'imitation de Molière. Et pour renoncer à ces essais, il lui fallut comprendre enfin que ce n'était vraiment pas là sa nature : qu'on ne fait pas

des œuvres d'art en accumulant des recherches sur les lois du comique.

Il semblait alors avoir renoncé à écrire. Il voyageait et était entre tant devenu réellement amoureux. Mais la chute de l'Empire lui avait occasionné de grands soucis ; et quand, pour se procurer des ressources, il reprit sa plume, il songea que s'il n'avait rien d'un auteur dramatique il pourrait bien au contraire posséder de réelles qualités critiques. Ayant beaucoup lu, beaucoup retenu, beaucoup observé, il ne manquait point d'idées générales malgré ce qu'en ait voulu prétendre Émile Faguet en un long jour de hargne. Ce sont ces idées générales qu'il glisse avec adresse et opportunité dans ses premiers écrits, imprimant à des faits et des jugements nettement démarqués, un ton tout à fait personnel. Ses premiers livres, les Vies de Haydn, de Mozart et de Métastase, *comme l'*Histoire de la Peinture en Italie *et* Rome, Naples et Florence en 1817 *contiennent ainsi à l'état d'ébauche l'essentiel de ce qui va constituer sa doctrine romantique.*

M. Pierre Martino, dans la Préface qu'il a mise en tête de sa parfaite édition critique de Racine et Shakspeare *chez Champion, a très clairement analysé comment, à partir de 1805, les théories littéraires de Beyle ont évolué peu à peu et comment son étude constante du théâtre l'amena aux côtés des romantiques avec lesquels au début il n'avait de commun qu'une seule idée :* il faut faire du nouveau et non plus copier les siècles qui nous ont précédés.

Voilà le fruit de ses méditations. Il y revient sans cesse et, si la formule en varie suivant les circonstances, le fonds en demeure à peu près toujours identique : ce qui plaisait autrefois ne nous plaît plus, ce qui paraissait comique ne nous fait plus rire. Chaque auteur travaille pour la société de son temps. Les mœurs changent sans cesse et il faut s'adapter aux mœurs de l'époque où l'on écrit.

*Stendhal était à Milan quand en 1816 il découvrit l'*Edinburgh-Review *qui devint dès lors sa lecture favorite. Il y retrouvait ses propres aspirations et y puisait abondamment de quoi alimenter ses propos et ses livres. À la même époque il rencontrait en Italie un courant d'idées qui cadraient exactement aux siennes propres. Il ne pouvait au surplus lui déplaire que le grand mouvement qui entraînait alors toute la jeunesse de la péninsule fût autant politique que littéraire. Il se sentait poussé vers le clan des novateurs tant par ses sympathies libérales que par ses revendications artistiques.*

Les principaux promoteurs du romanticisme italien étaient Monti, Cesarotti, Silvio Pellico, Ermès Visconti, Foscolo, G. Berchet, Leopardi et surtout Manzoni dont la thèse essentielle fut exposée dans la préface du Comte de Carmagnola *et dans les* Lettres de M. Chauvet sur les unités. *Stendhal, dans la loge de Louis de Brème, où il fut présenté à Byron, approcha quelques-uns de ces hommes. Il lisait leurs écrits et dès son apparition se montrait* particulièrement enthousiaste de leur journal Le Conciliatore. Il y renvoyait dans sa conversation et sa correspondance, et si nous ne sommes point assurés qu'il combattit dans les rangs des romanticistes italiens ni qu'il participa à leurs campagnes, du moins le voyons-nous se familiariser à leur contact avec ces sortes d'escarmouches littéraires qu'un des premiers il devait introduire en France.

Déjà son âme passionnée et sa manie écrivante le poussent en pleine mêlée. Un certain M. Londonio ayant publié à la fin de 1817 des critiques sur la poésie romantique, Stendhal projette aussitôt de lui opposer ses arguments. Il se hâte de noircir quelques feuillets qui, dans sa pensée, devront être traduits en italien pour paraître en brochure. En fait, ce premier plaidoyer romantique ne fut publié que dans son texte français et seulement trente-cinq ans plus tard comme appendice de l'édition de Racine et Shakspeare, que Romain Colomb prépara. C'est là que je l'ai repris pour le faire figurer dans mon édition.

Environ le temps où Stendhal songeait à répondre à M. Londonio, l'Italie se demandait si elle aurait jamais une langue nationale. L'Académie della Crusca, à Florence, qui datait de 1582, préparait une nouvelle édition de son dictionnaire, en se préoccupant des aspirations nouvelles. Stendhal avait déjà dit son mot sur ce sujet dès la première édition de Rome, Naples et Florence en 1817. Il devait revenir d'autant plus volontiers sur la question de l'enrichissement de la langue qu'elle passionnait au *premier chef ses amis milanais opposés à la Crusca, et qu'elle se rattachait directement suivant lui à la querelle du romantisme. Il ne craignit pas, à son ordinaire, de simplifier hardiment le problème : « Les Florentins partisans des vieux mots, disait-il, sont les classiques ; les Lombards tiennent pour le romantisme*[1]. »

Dès la fin de février 1818, avant même que d'avoir achevé sa réponse à M. Londonio, Stendhal dans le feu de l'improvisation écrivit en quelques jours un petit ouvrage qu'il intitula : Des périls de la langue italienne ou Mémoire à un ami incertain dans ses idées sur la langue. *L'ouvrage était terminé le 15 mars. On trouve à la Bibliothèque de Grenoble les pages du brouillon, et M. Édouard Champion en possède une copie presque entière corrigée de la main même de Stendhal. Avec l'amicale autorisation de son possesseur, j'ai pu, après M. Pierre Martino, utiliser les précieuses variantes de cette copie en reproduisant en appendice le mémoire sur la langue italienne.*

Des mouvements tels que ceux qui poussent si violemment Stendhal à se porter en toute occasion au vif des querelles littéraires, jettent un jour singulier sur sa véritable nature. On voit à leur lumière qu'il était né pour écrire. Il ne se mettait pas à sa table uniquement pour donner quelque pâture à un éditeur, mais parce qu'il ne pouvait penser profondément que la plume à la main.

Il vient ainsi d'improviser deux brochures ; elles sont prêtes, ou presque. Pour des raisons d'opportunité, par suite de la difficulté de trouver un éditeur ou pour tout autre motif, il renonce, momentanément à les publier. Mais son esprit toujours pétillant, toujours en éveil, le lance aussitôt sur une autre piste. L'agitation romantique continue de plus belle à Milan. Il n'y a pas une seule manifestation artistique, de quelque ordre qu'elle soit, qui ne reçoive des critiques ou des approbations au nom des doctrines en vogue. Stendhal en conçoit aussitôt l'idée d'un nouveau travail.

Tous les stendhaliens qui ont tenu entre leurs mains la très rare brochure originale de Racine et Shakspeare *(1re partie, 1823) ou la première édition de la* Vie de Rossini *(1824) ont été intrigués par une singulière annonce. Ils y ont vu figurer, au revers du faux-titre, parmi les ouvrages du même auteur, un livre inconnu :* « Del Romanticismo nelle arti, Firenze, 1819, 6 francs ». *En vain MM. Alessandro, d'Ancona, Stryienski, Lumbroso, Pietro-Paolo Trompeo, Paul Arbelet et Paul Hasard ont-ils fouillé les bibliothèques de Paris, Rome, Florence ou Milan ; ce livre est demeuré introuvable. Pas plus que ses prédécesseurs, M. Pierre Martino, au cours de recherches récentes, n'en a repéré la trace. Il n'est fait nulle mention de cette œuvre dans les catalogues de librairie, dans les journaux italiens ou les revues de l'époque, M. Martino a pourtant tout dépouillé avec la plus extrême minutie. Aussi en vient-il à conclure, avec beaucoup de vraisemblance, que cet ouvrage n'a dû exister que dans les projets de Stendhal. Peut-être l'avait-il proposé à un éditeur de Florence et crut-il un jour*

pouvoir inscrire sur la liste de ses œuvres et dater de sa chère Italie un livre qu'il avait rêvé d'y publier.

Si M. Martino n'a pas trouvé trace de l'opuscule de Beyle dans la presse italienne du temps, il a pu en revanche y suivre pas à pas la querelle du romanticisme et mesurer ce qu'était alors cette « sorte de modernisme teinté d'idées libérales ». Il a pu voir comment les mots romantique *et* classique *s'affrontaient à chaque instant dans toutes les controverses suscitées quotidiennement par les petits événements de la vie milanaise. Or il existe précisément dans les manuscrits de Stendhal à la Bibliothèque de Grenoble, quelques* brefs chapitres sur les beaux-arts *qui sont tout pleins de ces mêmes préoccupations, de ces mêmes allusions aux monuments de la ville, et aux discussions en cours, dont les journaux de Milan nous conservent la trace.*

Trois de ces chapitres ont été recueillis abusivement dans la Correspondance *par le zèle bien intentionné de Romain Colomb. Un autre a paru depuis lors dans la* Revue napoléonienne *: il traite de la déclamation dramatique et est en italien. Un cinquième et dernier demeurait ignoré dans les papiers de Grenoble.*

Ce fut donc une véritable trouvaille de réunir ces pages éparses, dans un ordre tel qu'on y reconnût sans peine l'esquisse parfaitement cohérente du petit traité que Beyle eut certainement l'intention de présenter autrefois au public italien. M. Pierre Martino, — d'abord dans la Revue de littérature comparée, *puis en appendice de son édition de*

Racine et Shakspeare, — *a donc publié intégralement ces ébauches tracées du 21 février au 15 avril 1819, et où Stendhal traite de l'architecture, de la sculpture, de la musique et de l'art au théâtre en fonction du romantisme, à une heure où les écrivains français ne se souciaient pas encore de ces brûlantes questions. Le lecteur de l'édition du Divan trouvera plus loin ces pages trop longtemps méconnues. Il y pourra mesurer toute la distance qui sépare les opinions littéraires et politiques de Manzoni et de Silvio Pellico aux environs de 1818, de celles de Hugo et de Lamartine dix ans plus tard. Il éprouvera également la piquante surprise de voir Stendhal demander au nom du romantisme que les statues des contemporains soient demi-nues ou drapées à l'antique, mais non habillées du costume moderne, tandis qu'à Paris, au nom des mêmes principes, il allait réclamer bientôt tout le contraire.*

Stendhal n'avait donc pu donner en Italie la publicité qu'il souhaitait à ses opinions romantiques. Aucun des innombrables libelles de cette guérilla n'avait paru sous son nom. Il allait avoir plus de chance à Paris. Dès 1821, en arrivant, il s'y était trouvé avec un bagage sur ces questions nouvelles et une connaissance des littératures étrangères qui manquaient encore à tous les membres du cénacle. Il apparaissait comme une sorte de précurseur.

Avant de fixer ses idées sur le papier, il commença par exposer de vive voix dans un petit cercle d'intimes les théories qui avaient cours en ce temps-là à Milan. Devant le succès qu'elles obtinrent il songea à les formuler par écrit. Il n'attendait qu'une occasion ; elle ne tarda pas à se présenter.

Une troupe de comédiens anglais, les 31 juillet et 2 août 1822, avait tenté d'acclimater Shakspeare sur la scène de la Porte-Saint-Martin. Mais les libéraux, par haine de l'Angleterre, menèrent une telle cabale que les représentations publiques durent être interrompues et furent remplacées par une série de représentations par souscription au théâtre de la rue Chantereine.

L'amour de Macbeth et de la constitution anglaise l'emporta chez Beyle sur son libéralisme. Il exhala son indignation dans un article intitulé Racine et Shakspeare *que donna en octobre la* Paris-Monthly-Review of British and Continental Literature, *périodique publié à Paris et qui, depuis son premier numéro (janvier 1822), avait déjà fréquemment compté Stendhal au nombre de ses collaborateurs anonymes.*

Dans cet article, paru exceptionnellement en français, Stendhal se souvient à la fois des écrits didactiques de Manzoni et surtout de ces Idées élémentaires sur la poésie romantique *d'Ermès Visconti qu'il avait autrefois signalées avec insistance à ses correspondants de Paris et qu'il démarque maintenant avec tranquillité, portant fort à propos des armes italiennes au secours de ses admirations britanniques.*

Cet article, cinq mois plus tard, devint le premier chapitre du petit opuscule auquel il donnait son titre, et dont le chapitre second, Le Rire, avait également paru, toujours en français, en janvier 1823, dans le même périodique. Le troisième et dernier était donc seul inédit, ainsi que la préface. Au total l'ensemble formait une brochure de 55 pages. Elle parut dans les premiers jours de mars chez Bossange, rue de Richelieu, Delaunay au Palais-Royal et Mongie, boulevard Poissonnière. Il va sans dire que Beyle en avait assumé tous les frais. Colomb affirme que pour s'assurer de l'acuité de son pamphlet Beyle en avait soumis le manuscrit à Paul-Louis Courier.

L'ouvrage passa presque inaperçu et ne fit guère que rappeler l'attention dans les milieux littéraires sur le nom, encore énigmatique pour beaucoup, de Stendhal.

Cependant de Mareste, le compagnon de tous les instants d'Henri Beyle, avait fait lire à Lamartine la brochure de son ami. Le poète des Méditations *n'avait pu demeurer indifférent à ce manifeste, et il datait du 19 mars <u>une lettre</u> où il ne marchandait pas son éloge au pamphlétaire mais élevait également quelques objections aux théories de l'auteur. Il se faisait notamment le défenseur du vers français, et concluait ainsi : « Classique pour l'expression, romantique dans la pensée, à mon avis c'est ce qu'il faut être. » De Mareste ne manqua pas de remettre cette lettre à son véritable destinataire. Et celui-ci d'improviser à son tour, suivant sa méthode toute d'impulsion, une réponse au poète.*

Cette réponse jamais envoyée, ni imprimée du vivant de Beyle, lui donne du moins l'idée de remanier et d'augmenter son petit ouvrage. Et le jour même, 21 mars, où il répond à Lamartine, il écrit une sorte d'avertissement pour cette nouvelle édition qu'il vient de décider. Il sent bien qu'il la faut étoffer : il a déjà achevé, le 15 février précédent, un second essai sur le rire où par de nouveaux exemples il éclaire sa théorie. Il songe encore à la développer et il écrit longuement sur Molière, ce qui le mène à parler également de Regnard et à établir une sorte de parallèle entre les deux comiques. <u>Ces pages</u>, commencées vraisemblablement dès mars 1823, reçoivent de nouvelles additions jusqu'en 1825, et finalement abandonnées, ne paraissent, ainsi que la réponse aux objections de Lamartine, que par les soins de Colomb, en 1854. C'est que Stendhal tout à coup s'aperçoit qu'il a des choses plus pressantes à dire.

Alors, en effet, on commence vraiment en France à parler un peu partout du romantisme. Le cénacle s'agite et publie des manifestes. Les classiques ripostent en prose ou en vers : l'Académie elle-même va officiellement prendre part à la querelle. Le 24 avril 1824, Auger, directeur en exercice de l'auguste compagnie, profite d'une séance solennelle pour se prononcer avec force contre les tenants de la nouvelle secte. Son discours obtient un grand retentissement. Tous les journaux gouvernementaux lui font écho et l'approuvent. L'Université, par la bouche de son grand-maître, met à son tour la jeunesse « en garde contre les invasions du mauvais goût », *et condamne « les mauvaises doctrines »*, *et Stendhal sent immédiatement ce qu'il va gagner à ce revirement d'opinion.*

Le romantisme, quand il l'avait embrassé en Italie avec tant de fougue, était, autant qu'une doctrine de modernisme artistique, une sorte de nationalisme politique et de libéralisme. Aussi Stendhal avait-il été assez désorienté, à son arrivée en France, de rencontrer sous la même étiquette un mouvement conservateur et religieux fort éloigné de ce qu'il aimait.

Ç'avait donc été une chose assez paradoxale que son enrôlement dans les rangs des romantiques français : il détestait Chateaubriand, plus encore Mme de Staël, et il n'avait grand goût, au fond, ni pour Hugo et Vigny, ni pour Nodier. À peine mentionnait-il, et toujours presque dédaigneusement, leurs œuvres dans le courrier littéraire que pendant sept ou huit ans il envoya régulièrement aux journaux anglais, particulièrement au New-Monthly Magazine *et au* London Magazine. *Il n'y ménageait en réalité pas plus les romantiques que les classiques. Et le lecteur qui ne se laissait point piper par une question de vocabulaire ne découvrait pas toujours facilement quels étaient les alliés naturels de cet écrivain.*

Le discours d'Auger change tout à coup la position des adversaires. Le romantisme, devenu suspect au trône et à l'autel, tend comme en Italie et en Allemagne à se fondre avec le libéralisme. En combattant pour lui on va donc pouvoir faire de l'opposition au gouvernement et se réclamer de la liberté. Une aussi brusque volte-face enchante Stendhal qui décide aussitôt d'écrire une nouvelle brochure pour répondre à Auger. Il pourra non seulement y soutenir ses théories littéraires mais encore laisser entendre à mots couverts quelles sont ses préoccupations politiques. Il ne s'en fera pas faute.

Quarante-huit heures après le discours d'Auger, Stendhal a résolu de lui répondre et il s'inquiète d'un éditeur. Il charge son ami de Mareste de s'entremettre pour lui et il lui adresse cette intéressante lettre :

Paris (minuit), samedi 26 avril 1824.

Je désire, mon cher ami, que vous trouviez le temps de passer chez Ladvocat ; ce sera une nouvelle obligeance de votre part.

L'Académie française vient de lancer un manifeste contre le *romantisme* ; j'aurais désiré qu'il fût moins bête ; mais enfin, tel qu'il est, tous les journaux le *répètent*. Je m'attache à cette dernière circonstance. Pour un libraire tel que Ladvocat, voilà une question *palpitante de l'intérêt du moment* ; d'autant plus que le dit Ladvocat a fait une espèce de fortune pour Schiller et Shakspeare. Fort de ces grandes raisons et de mille autres, que l'art que vous avez de traiter avec ces gens-là vous suggérera, je voudrais que vous entrassiez chez le dit Ladvocat avec l'air grave et pourtant sans gêne d'un homme à argent. Voici la base de votre discours :

« Monsieur, je viens vous proposer une réponse au manifeste de M. Auger contre le *romantisme*. Tout Paris parle de l'attaque faite par l'Académie française ; mon ami, M. de Stendhal, l'auteur de la *Vie de Rossini* et de *Racine et Shakspeare*, que bien vous connaissez, fait une réponse à M. Auger ; cette réponse peut vous être livrée dans trois jours : elle aura de deux à quatre feuilles. Je vous en demande trois cents francs, bien entendu pour une première édition, qui n'excédera pas cinq cents exemplaires. »

Sauf à se réduire à deux cents francs pour mille, ou à cent francs, ou à rien. Hier, j'ai envoyé au copiste la fin de cette brochure. Je viens de faire une préface qui en fait une réponse au manifeste de M. Auger.

Il faudrait voir Ladvocat le plus tôt que vous pourrez. J'écris au *Diable boîteux* pour le prier d'annoncer ma réponse.

On a dit, et l'hypothèse jusqu'à un certain point est vraisemblable, que Stendhal pensait alors réunir des pages déjà écrites en y joignant simplement pour répondre à Auger une préface nouvelle. Peut-être même n'avait-il en vue que cette réédition profondément modifiée de la brochure de 1823, à laquelle il n'a cessé de travailler depuis qu'il l'a décidée, c'est-à-dire dès le lendemain de sa publication. En tous cas ce projet fut abandonné, peut-être parce qu'on ne put trouver à temps aucun éditeur, et c'est un ouvrage entièrement nouveau, écrit à loisir ou tout au moins revu et poli durant dix mois, que Beyle lut un jour chez Delécluze où il fréquentait chaque dimanche et où il disputait âprement de ces problèmes nouveaux.

Ce second pamphlet affectait la forme d'une correspondance entre un classique et un romantique. Il est possible que les lettres du classique, ou du moins certaines d'entre elles, soient authentiques. Un passage de la correspondance de Beyle semble le prouver :

Je ne suis point l'auteur des lettres du *classique*. La petite poste a réellement porté ces lettres à la fin d'avril 1824. Je l'ai indiqué dans la note[2] de la p. 50. Je me suis fait un devoir de ne rien changer aux lettres de l'homme de fort bonne compagnie qui voulut bien m'écrire. J'avoue que je ne me serais point exprimé comme lui sur le compte de M. de Lamartine. Je trouve un vrai talent non pas dans la prose, mais dans les vers de M. Hugo. Mon correspondant classique étant un homme de l'ancien Régime, j'ai respecté son goût dans tout ce qui a rapport à la plaisanterie. J'en suis fâché aujourd'hui, car je tiens beaucoup à être poli.

La question serait donc résolue, si nous ne savions qu'avec Stendhal il est toujours prudent de se méfier. M. Louis Royer a pourtant découvert depuis peu sur un exemplaire annoté de la main de Stendhal le nom de ce classique : M. de Béranger-Labaume, de Marseille.

Racine et Shakspeare II *parut en mars 1825 chez Dupont et Rorel, libraires, quai des Augustins. Il eut une excellente presse : toutefois ce succès d'estime n'aurait point été suivi par un égal succès de vente si nous admettons qu'une annonce parue dans le* National *du 29 mai 1830 avait pour but d'en faire vendre les derniers exemplaires. Mais c'est une hypothèse que contredit l'opinion de M. Paul Arbelet. D'après lui certaine brochure rare offerte un jour à Pierre Daru au prix de quarante francs et présentée comme épuisée, serait un exemplaire de* Racine et Shakspeare. *Or, Daru était mort en 1829. Et si l'ouvrage en question était quasi introuvable avant cette date, il ne paraîtra pas absurde de supposer que Stendhal songeait plutôt, en faisant annoncer à nouveau dans la presse son ouvrage en 1830, à cette nouvelle édition revue, augmentée, complète, à laquelle il avait tant travaillé autrefois. Cette nouvelle édition ne devait paraître qu'en 1854 par les soins de Romain Colomb, dans les Œuvres Complètes de Stendhal, chez Michel-Lévy frères. Colomb y avait judicieusement joint tous les fragments trouvés sur le même sujet et que Stendhal, il le savait bien, avait pensé un moment adjoindre à sa première brochure. Il réunit aussi en appendice d'autres morceaux qui n'ont pas tous trait à* Racine et Shakspeare *et dont la véritable place serait dans un volume, de mélanges.*

L'édition préparée par Colomb a toujours été réimprimée textuellement chez Calmann-Lévy, et il n'en parut aucune autre en librairie jusqu'aux travaux de M. Pierre Martino qui ont véritablement renouvelé la question. Rien de plus parfait que son édition critique de Racine et Shakspeare, *chez Champion*, à laquelle j'ai fait déjà de fréquents renvois, et qui s'ouvre sur une préface extrêmement érudite et précise dont j'ai moi-même beaucoup profité. Il est indispensable de recourir encore à cette édition et à ses notes substantielles pour bien comprendre toutes les allusions de Stendhal et tout ce qui touche l'histoire politique et l'histoire littéraire du romantisme.

La célébrité de Stendhal dans les milieux littéraires de Paris date de la publication de Racine et Shakspeare. Beaucoup des idées exprimées dans ces deux pamphlets furent vite en honneur. Si depuis elles semblèrent un peu oubliées, du moins savons-nous que ce qu'elles avaient alors de plus neuf et de meilleur est aujourd'hui devenu lieu-commun, après qu'elles furent reprises, généralisées, clarifiées par un Sainte-Beuve, un Baudelaire, ou un Taine[3].

Tout d'abord Stendhal a donné une des premières définitions du romantisme. Et celle-ci n'a pas qu'un intérêt rétrospectif. D'excellents esprits, qui n'iraient pas jusqu'à dire avec l'auteur de Racine et Shakspeare que le romantisme est ce qui donne le plus de plaisir, tandis que le classicisme est ce qui ennuie, — admettent néanmoins que « le romantisme, c'est ce qui nous est contemporain ». Et ils accordent encore que « tous les grands écrivains ont été romantiques de leur temps ».

Beyle croit en outre que pour être vraiment romantique et se passionner à fond pour la littérature de son temps, il faut avoir moins de quarante ans. Pour lui, quand en France il descendit dans la lice et rompit en faveur de Shakspeare une lance assez fameuse, il n'avait que depuis peu dépassé la quarantaine, étant né, comme on sait, en janvier 1783. Expliquerons-nous ainsi qu'il ne fut jamais lui-même qu'un demi-romantique ? Sainte-Beuve, nous l'avons vu, le peint comme un hussard, un chevau-léger des idées d'avant-garde. Mais un hussard doit être jeune, ardent, pour être prompt à la riposte et excellent dans l'escarmouche. Déjà Beyle sentait le poids de l'âge et cet éternel amoureux craignait de voir bientôt close l'ère de sa jeunesse. Mais précisément parce qu'il avait atteint ces quarante ans fatidiques après quoi, de son propre avis, on n'a plus l'âme susceptible d'impressions vives, il fut moins ardent dans son dénigrement des idées anciennes, plus juste vis-à-vis de ses adversaires.

S'il s'en prend à Racine, c'est affaire de mode et il lui faut bien suivre le mot d'ordre. Il n'en parle néanmoins qu'avec mesure, parfois même avec sagesse. Il attaque bien plus les principes poétiques du XVIIe siècle que l'homme ou le poète comme Victor Hugo par exemple ne se gênera pas *de le faire. Racine, explique-t-il, a écrit en son temps les œuvres qui donnaient le plus de plaisir à ses contemporains. Maintenant ses tragédies nous ennuient, mais, s'il eût vécu en 1820, il eût écrit tout autre chose. Stendhal ne proscrit donc pas Racine au nom de la vérité, mais parce que son genre de tragédie ne peut plus exprimer la vivacité et la complexité de nos sentiments, ainsi que le rythme de notre vie mouvementée. D'autre part il proscrit les longues tirades à la scène, aimant à répéter : c'est du poème épique, ce n'est pas du théâtre. Il se plaît cependant à ajouter : « Un grand homme, dans quelque forme qu'il ait laissé une empreinte de son âme à la postérité, rend celle forme immortelle. » En réalité, ce n'est pas Racine dont la « gloire est impérissable » que Stendhal entend critiquer. Il sait trop bien que les pièces romantiques « ne tueront pas Phèdre » : il n'en veut qu'à ses pâles successeurs. Il combat l'imitation et aussi bien de Shakspeare que de Racine. De Shakspeare notamment « pour lequel sa passion ne croît pas, uniquement parce qu'elle ne peut plus croître », il conseille de ne prendre que « la manière d'étudier le monde au milieu duquel nous vivons ».*

Quand, en se relisant, Stendhal comprit qu'il avait trop oublié Molière, il répara cet oubli au cours de chapitres nouveaux. Le titre de l'édition remaniée eût tout aussi bien pu devenir : Racine, Molière et Shakspeare. *Soyons certains qu'il ne l'eût point pris et eût conservé son premier cri de guerre, plus bref, plus claquant :* Racine et Shakspeare. *Ce vif accouplement de noms était fréquent au temps où il écrivait. C'était comme un symbole et, comme lui-même, le dit dans l'Amour :* « La dispute entre Shakspeare et Racine n'est qu'une des formes de la dispute entre Louis XIV et la Charte. » *Déjà une brochure anonyme intitulée* Lettres à Milady Morgan sur Racine et Shakspeare, *avait paru en 1818 chez Bachelier à Paris*[4]. *Les libelles littéraires autant que les libelles politiques étaient alors en vogue.*

Stendhal n'a donc inventé ni son titre ni son arme. Il le reconnaît de bonne grâce : « Le pamphlet est la comédie de l'époque. » *Nous savons également qu'il n'a point davantage inventé ses idées. Mais il sut les vulgariser et ce sont ses ouvrages qui ont survécu alors que tous les autres opuscules, contemporains des siens, sont oubliés.*

Le bruit fait par Racine et Shakspeare *fut d'emblée assez grand pour qu'environ le temps où le second pamphlet venait de paraître un personnage de Scribe fit en scène allusion aux* « brochures de M. de Stendhal sur le romantisme ». *Aussi Sainte-Beuve ne fut-il que juste en écrivant trente années plus tard :* « Quoi qu'il en soit, l'honneur d'avoir détruit quelques-unes des préventions et des routines qui s'opposaient en 1820 à toute innovation, même modérée revient en partie à Beyle. »

Les revendications de Stendhal étaient modestes, elles se bornaient, ou presque, à trois principales : il demandait au théâtre de n'user que de la prose, de traiter des sujets nationaux, de renoncer à la règle des unités. La première lui tenait à cœur depuis longtemps déjà, depuis sans doute qu'il s'était découvert inhabile, après tant d'essais infructueux, à bien manier le vers français. Les deux autres, il les rapportait d'Italie dans ses bagages. Nul n'était mieux placé que lui pour les populariser ; nous avons vu comment il s'y prit. Dans un de ces comptes rendus bibliographiques qu'il donnait régulièrement aux revues anglaises, il lui arriva, à propos de sa première plaquette, de parler ainsi de lui-même : « Quoiqu'il ne présente ses idées que sous la forme modeste d'une brochure, son pamphlet n'est pas la production la moins remarquable provoquée par cette querelle prolixe... Le défaut dominant de cet auteur, c'est qu'il a l'air de ne jamais douter de ses raisonnements, il saute avec une rapidité inconcevable des prémisses à la conclusion. Le plus souvent, il saute juste, mais le pied le plus sûr glisse quelquefois[5]. »

Ce n'était pas si mal se connaître. Et la chose était d'autant plus délicate que le romantisme de Stendhal était, lui aussi, chose assez paradoxale. En réalité, l'auteur prolonge autant le XVIIIe siècle qu'il annonce le XIXe, et il est permis d'avancer que par son style et son goût pour une formule bien définie du roman, il demeure classique.

Quand il combat les unités au nom de la vraisemblance, il ne songe pas un seul instant que la tragédie classique peut, sans manquer à cette vraisemblance, ne pas excéder la durée d'un jour puisqu'elle n'entend peindre ordinairement qu'une crise qui se dénoue. C'est qu'il se moque bien de ce paroxysme critique, il veut assister au développement des passions. Prenez garde qu'il n'y a plus là une simple querelle de mots : deux systèmes littéraires sont opposés, et ce qui sépare ces deux conceptions radicalement contraires, c'est ce qui différencie le roman du théâtre. Il est croyable que Stendhal eût peu réussi à la scène, tandis que dans le livre il a laissé ses chefs-d'œuvre d'analyse en nous faisant toucher du doigt précisément comment la passion naît et se développe.

Il n'est pas moins logique envers ses propres goûts quand il affirme que Racine en 1823 écrirait tout autrement qu'il ne faisait en 1670. N'avait-il pas eu pourtant la prétention amusante, quand il s'adonnait autrefois à ciseler sa comédie : Letellier, de se faire un vocabulaire contemporain de Racine et de Corneille ? Il ne persévéra pas, il est vrai, dans cette erreur de jeunesse. Il la combattra même âprement dans Racine et Shakspeare dirigeant ses coups les plus rudes sur cette espèce d'amateur infatué qu'il était lui-même en 1804.

Il ne faut cependant pas imaginer qu'il admire Shakspeare comme une brute. En dépit de sa tendresse pour lui, il ne veut pas qu'on l'imite, et il ne craint pas même d'écrire : « L'esprit français repoussera surtout le galimatias allemand que beaucoup de gens appellent romantique *aujourd'hui.* »

Découvrant sous sa plume plus d'une déclaration de cette sorte, certains critiques, on le comprend, se sont crus autorisés à prétendre que Stendhal n'était point romantique. Pour excessif qu'il soit ce jugement paraîtra cependant assez fondé à ceux qui assimilent un peu sommairement romantisme et maladie, surtout si l'on songe *combien l'auteur de* La Chartreuse *était encore indemne de cette sensibilité larmoyante que nous voyons poindre déjà dans toute une classe d'auteurs du XVIIIe siècle et qui donne un avant-goût détestable de nombreuses œuvres publiées dans la première moitié du siècle suivant. Pour tout le domaine des sentiments, Beyle était ainsi vraiment d'un autre âge, n'ayant jamais posé au pâle ténébreux, et n'ayant pas voulu davantage croire au rôle social du poète. Il lui plaisait au contraire de dire avec bien du bon sens :* « Je n'ai jamais cru que la société me dût quelque chose. »

C'était en réalité un ami de l'ordre. Il détestait partout la boursouflure, mais, parce qu'il avait un cœur souvent contradictoire, il sut marquer sa tendresse pour ces périodes troublées où la passion se peut donner libre cours. On l'a même vu pousser ce culte extrême de l'énergie et des émotions fortes jusqu'à l'apologie du dérèglement. C'est par là, non moins que par son goût du romanesque et de l'histoire anecdotique, que Stendhal rejoint son époque amie des sentiments portés ci leur paroxysme. Stendhal ainsi ne se laisse jamais facilement enrôler. Luttant depuis 1817 pour le romantisme, il s'écartait résolument à l'heure de la victoire de tous les romantiques français. Ayant combattu pour le drapeau, il n'a jamais cessé d'être un isolé et, suivant le mot si juste de Colomb, « un colonel sans troupe ». *Il est aisé de se rendre compte combien ses théories, malgré quelques points de détail communs, sont éloignées de celles de la Préface de* Cromwell. *Lamartine ne peut reconnaître ses aspirations dans les revendications de Racine et Shakspeare et sa lettre, sous un ton amical, est d'un contradicteur résolu.*

Cependant, comme l'a dit excellemment M. Paul Arbelet, sa théorie personnelle a peut-être « une portée plus générale et une vérité plus durable, si elle se réduit à affirmer que les arts doivent évoluer et que la beauté est relative ».

De cet homme, qui demeure plus près du Marivaux de Marianne *que du vicomte d'Arlincourt, ou même de son ami Mérimée, ne disons donc pas plus qu'il fut un romantique fourvoyé qu'un classique qui s'ignorait. Aujourd'hui il nous paraît assez sage. Nul doute que si les vers de son ancien compagnon de voyage d'un jour lui eussent remonté à la mémoire durant ses longues journées de rêverie solitaire à Civita-Vecchia, il n'eût murmuré pour son propre compte :*

>Racine rencontrant Shakspeare sur ma table,
>S'endort près de Boileau qui leur a pardonné.

Et pour une fois, peut-être, des alexandrins ne lui eussent point paru un cache-sottise ».

Henri MARTINEAU.

1. ↑ Voir *Rome, Naples et Florence*, édition du *Divan*, T. II, p. 49.
2. ↑ Page 116 de la présente édition.
3. ↑ Cf. Pierre Martino, Préface à *Racine et Shakspeare*, Champion, p. CXXXII.
4. ↑ Mais dès 1818 (voir plus loin p. 170) Stendhal avait écrit : « La dispute est entre M. Dussault et l'*Edimburgh-Review*, entre Racine et Shakspeare, entre Boileau et lord Byron. »

5. ↑ Doris Gunnel : *Stendhal et l'Angleterre*, pp. 162–163. Traduit du *New-Monthly*, 1er avril 1823.

RACINE ET SHAKSPEARE

Intelligenti pauca.

1823

PRÉFACE

———

R IEN ne ressemble moins que nous aux marquis couverts d'habits brodés et de grandes perruques noires, coûtant mille écus, qui jugèrent, vers 1670, les pièces de Racine et de Molière.

Ces grands hommes cherchèrent à flatter le goût de ces marquis et travaillèrent pour eux.

Je prétends qu'il faut désormais faire des tragédies pour nous, jeunes gens raisonneurs, sérieux et un peu envieux, de l'an de grâce 1823. Ces tragédies-là doivent être en prose. De nos jours, le vers alexandrin n'est le plus souvent qu'un cache-sottise.

Les règnes de Charles VI, de Charles VII, du noble François Ier, doivent être féconds pour nous en tragédies nationales d'un intérêt profond et durable. Mais comment peindre avec quelque vérité les catastrophes sanglantes narrées par Philippe de Comines, et la chronique scandaleuse de Jean de Troyes, si le mot *pistolet* ne peut absolument pas entrer dans un vers tragique ?

La poésie dramatique en est en France au point où le célèbre David trouva la peinture vers 1780. Les premiers essais de ce génie audacieux furent dans le genre vaporeux et fade des Lagrenée, des Fragonard et des Vanloo. Il fit trois ou quatre tableaux fort applaudis. Enfin, et c'est ce qui lui vaudra l'immortalité, il s'aperçut que le genre niais de l'ancienne école française ne convenait plus au goût sévère d'un peuple chez qui commençait à se développer la soif des actions énergiques. M. David apprit à la peinture à déserter les traces des Lebrun et des Mignard, et à oser montrer Brutus et les Horaces. En continuant à suivre les errements du siècle de Louis XIV, nous n'eussions été, à tout jamais, que de pâles imitateurs.

Tout porte à croire que nous sommes à la veille d'une révolution semblable en poésie. Jusqu'au jour du succès, nous autres défenseurs du *genre romantique*, nous serons accablés d'injures. Enfin, ce grand jour arrivera, la jeunesse française se réveillera ; elle sera étonnée, cette noble jeunesse, d'avoir applaudi si longtemps, et avec tant de sérieux, à de si grandes niaiseries.

Les deux articles suivants, écrits en quelques heures et avec plus de zèle que de talent, ainsi que l'on ne s'en apercevra que trop, ont été insérés dans les numéros 9 et 12 du *Paris Monthly Review*.

Éloigné, par état, de toute prétention littéraire, l'auteur a dit sans art et sans éloquence ce qui lui semble la vérité.

Occupé toute sa vie d'autres travaux, et sans titres d'aucune espèce pour parler de littérature, si malgré lui ses idées se revêtent quelquefois d'apparences tranchantes, c'est que, par respect pour le public, il a voulu les énoncer clairement et en peu de mots.

Si, ne consultant qu'une juste défiance de ses forces, l'auteur eût entouré ses observations de l'appareil inattaquable de ces formes dubitatives et élégantes, qui conviennent si bien à tout homme qui a le malheur de ne pas admirer tout ce qu'admirent les gens en possession de l'opinion publique, sans doute alors les intérêts de sa modestie eussent été parfaitement à couvert, mais il eût parlé bien plus longtemps, et, par le temps qui court, il faut se presser, surtout lorsqu'il s'agit de bagatelles littéraires.

CHAPITRE PREMIER[1]

Pour faire des Tragédies qui puissent intéresser le public en 1823, faut-il suivre les errements de Racine ou ceux de Shakspeare ?

CETTE question semble usée en France, et cependant l'on n'y a jamais entendu que les arguments d'un seul parti ; les journaux les plus divisés par leurs opinions politiques, la *Quotidienne,* comme le *Constitutionnel,* ne se montrent d'accord que pour une seule chose, pour proclamer le théâtre français, non-seulement le premier théâtre du monde, mais encore le seul raisonnable. Si le pauvre *romanticisme* avait une réclamation à faire entendre, tous les journaux de toutes les couleurs lui seraient également fermés.

Mais cette apparente défaveur ne nous effraye nullement, parce que c'est une affaire de parti. Nous y répondons par un seul fait :

Quel est l'ouvrage littéraire qui a le plus réussi en France depuis dix ans ?

Les romans de Walter Scott.

Qu'est-ce que les romans de Walter Scott ?

De la tragédie romantique, entremêlée de longues descriptions.

On nous objectera le succès des *Vêpres siciliennes*, du *Paria*, des *Machabées*, de *Régulus*[2].

Ces pièces font beaucoup de plaisir : mais elles ne font pas un *plaisir dramatique*. Le public, qui ne jouit pas d'ailleurs d'une extrême liberté, aime à entendre réciter des sentiments généreux exprimés en beaux vers.

Mais c'est là un plaisir *épique*, et non pas dramatique. Il n'y a jamais ce degré d'illusion nécessaire à une émotion profonde. C'est par cette raison ignorée de lui-même, car à vingt ans, quoi qu'on en dise, l'on veut jouir, et non pas raisonner, et l'on fait bien ; c'est par cette raison secrète que le jeune public du second théâtre français se montre si facile sur la fable des pièces qu'il applaudit avec le plus de transports. Quoi de plus ridicule que la fable du *Paria*, par exemple ? Cela ne résiste pas au moindre examen. Tout le monde a fait cette critique, et cette critique n'a pas pris. Pourquoi ? c'est que le public ne veut que de beaux vers. Le public va chercher au théâtre français actuel une suite d'odes bien pompeuses, et d'ailleurs exprimant avec force des sentiments généreux. Il suffit qu'elles soient amenées par quelques vers de liaison. C'est comme dans les ballets de la rue Pelletier[3] : l'action doit être faite uniquement pour amener de beaux pas, et pour motiver, tant bien que mal, des danses agréables.

Je m'adresse sans crainte à cette jeunesse égarée qui a cru faire du patriotisme et de l'honneur national en sifflant Shakspeare, parce qu'il fut Anglais. Comme je suis rempli d'estime pour des jeunes gens laborieux, l'espoir de la France, je leur parlerai le langage sévère de la vérité.

Toute la dispute entre Racine et Shakspeare se réduit à savoir si, en observant les deux unités de *lieu* et de *temps*, on peut faire des pièces qui intéressent vivement des spectateurs du dix-neuvième siècle, des pièces qui les fassent pleurer et frémir, ou, en d'autres termes, qui leur donnent des plaisirs *dramatiques*, au lieu des plaisirs *épiques* qui nous font courir à la cinquantième représentation du *Paria* ou de *Régulus*.

Je dis que l'observation des deux unités de *lieu* et de *temps* est une habitude française, *habitude profondément enracinée*, habitude dont nous nous déferons difficilement, parce que Paris est le salon de l'Europe et lui donne le ton ; mais je dis que ces unités ne sont nullement nécessaires à produire l'émotion profonde et le véritable effet dramatique.

Pourquoi exigez-vous, dirai-je aux partisans du *classicisme*, que l'action représentée dans une tragédie ne dure pas plus de vingt-quatre ou de trente-six heures, et que le lieu de la scène ne change pas ou que du moins, comme le dit Voltaire, les changements de lieu ne s'étendent qu'aux divers appartements d'un palais ?

L'ACADÉMICIEN. — Parce qu'il n'est pas vraisemblable qu'une action représentée en deux heures de temps, comprenne la durée d'une semaine ou d'un mois, ni que, dans l'espace de peu de moments, les acteurs aillent de Venise en Chypre, comme dans l'*Othello* de Shakspeare ; ou d'Écosse à la cour d'Angleterre, comme dans *Macbeth*.

LE ROMANTIQUE. — Non-seulement cela est invraisemblable et impossible ; mais il est impossible également que l'action comprenne vingt-quatre ou trente-six heures[4].

L'ACADÉMICIEN. — À Dieu ne plaise que nous ayons l'absurdité de prétendre que la durée fictive de l'action doive correspondre exactement avec le temps *matériel* employé pour la représentation. C'est alors que les règles seraient de véritables entraves pour le génie. Dans les arts d'imitation, il faut être sévère, mais non pas rigoureux. Le spectateur peut fort bien se figurer que, dans l'intervalle des entr'actes, il se passe quelques heures, d'autant mieux qu'il est distrait par les symphonies que joue l'orchestre.

LE ROMANTIQUE. — Prenez garde à ce que vous dites, monsieur, vous me donnez un avantage immense ; vous convenez donc que le spectateur peut *se figurer* qu'il se passe un temps plus considérable que celui pendant lequel il est assis au théâtre. Mais, dites-moi, pourra-t-il se figurer qu'il se passe un temps double du temps réel triple, quadruple, cent fois plus considérable ? Où nous arrêterons-nous ?

L'ACADÉMICIEN. — Vous êtes singuliers, vous autres philosophes modernes : vous blâmez les poétiques, parce que, dites-vous, elles enchaînent le génie ; et actuellement vous voudriez que la règle de l'*unité de temps*, pour être plausible, fût appliquée par nous avec toute la rigueur et toute l'exactitude des mathématiques. Ne vous suffit-il donc pas qu'il soit évidemment contre toute vraisemblance que le spectateur puisse se figurer qu'il s'est passé un an, un mois, ou même une semaine, depuis qu'il a pris son billet, et qu'il est entré au théâtre ?

LE ROMANTIQUE. — Et qui vous a dit que le spectateur ne peut pas se figurer cela ?

L'ACADÉMICIEN. — C'est la raison qui me le dit.

LE ROMANTIQUE. — Je vous demande pardon ; la raison ne saurait vous l'apprendre. Comment feriez-vous pour savoir que le spectateur peut se figurer qu'il s'est passé vingt-quatre heures, tandis qu'en effet il n'a été que deux heures assis dans sa loge, si l'expérience ne vous l'enseignait ? Comment pourriez-vous savoir que les heures, qui paraissent si longues à un homme qui s'ennuie, semblent voler pour celui qui s'amuse, si l'expérience ne vous l'enseignait ? En un mot, c'est l'*expérience* seule qui doit décider entre vous et moi.

L'ACADÉMICIEN. — Sans doute, l'expérience.

LE ROMANTIQUE. — Eh bien ! l'expérience a déjà parlé contre vous. En Angleterre, depuis deux siècles ; en Allemagne, depuis cinquante ans, on donne des tragédies dont l'action dure des mois entiers, et l'imagination des spectateurs s'y prête parfaitement.

L'ACADÉMICIEN. — Là, vous me citez des étrangers, et des Allemands encore !

LE ROMANTIQUE. — Un autre jour, nous parlerons de cette incontestable supériorité que le Français en général, et en particulier l'habitant de Paris, a sur tous les peuples du monde. Je vous rends justice, cette supériorité est *de sentiment* chez vous ; vous êtes des despotes gâtés par deux siècles de flatterie. Le hasard a voulu que ce soit vous, Parisiens, qui soyez chargés de faire les réputations littéraires en Europe ; et une femme d'esprit, connue par son *enthousiasme* pour les beautés de la nature, s'est écriée, pour plaire aux Parisiens : « Le plus beau ruisseau du monde, c'est le ruisseau de la rue du Bac. » Tous les écrivains de bonne compagnie, non-seulement de la France, mais de toute l'Europe, vous ont flattés pour obtenir de vous en échange un peu de renom littéraire ; et ce que vous appelez *sentiment intérieur, évidence morale,* n'est autre chose que l'évidence morale d'un enfant gâté, en d'autres termes, l'*habitude de la flatterie.*

Mais revenons. Pouvez-vous me nier que l'habitant de Londres ou d'Édimbourg, que les compatriotes de Fox et de Shéridan, qui peut-être ne sont pas tout à fait des sots, ne voient représenter, sans en être nullement choqués, des tragédies telles que *Macbeth,* par exemple ? Or cette pièce, qui, chaque année, est applaudie un nombre infini de fois en Angleterre et en Amérique, commence par l'assassinat du roi et la fuite de ses fils, et finit par le retour de ces mêmes princes à la tête d'une armée qu'ils ont rassemblée en

Angleterre, pour détrôner le sanguinaire Macbeth. Cette série d'actions exige nécessairement plusieurs mois.

L'ACADÉMICIEN. — Ah ! vous ne me persuaderez jamais que les Anglais et les Allemands, tout étrangers qu'ils soient, se figurent réellement que des mois entiers se passent tandis qu'ils sont au théâtre.

LE ROMANTIQUE. — Comme vous ne me persuaderez jamais que des spectateurs français croient qu'il se passe vingt-quatre heures, tandis qu'ils sont assis à une représentation d'*Iphigénie en Aulide*.

L'ACADÉMICIEN, *impatienté*. — Quelle différence !

LE ROMANTIQUE. — Ne nous fâchons pas, et daignez observer avec attention ce qui se passe dans votre tête. Essayez d'écarter pour un moment le voile jeté par l'habitude sur des actions qui ont lieu si vite, que vous en avez presque perdu le pouvoir de les suivre de l'œil et de les voir *se passer*. Entendons-nous sur ce mot *illusion*. Quand on dit que l'imagination du spectateur se figure qu'il se passe le temps nécessaire pour les événements que l'on représente sur la scène, on n'entend pas que l'illusion du spectateur aille au point de croire tout ce temps réellement écoulé. Le fait est que le spectateur, entraîné par l'action, n'est choqué de rien ; il ne songe nullement au temps écoulé. Votre spectateur parisien voit à sept heures précises Agamemnon réveiller Arcas ; il est témoin de l'arrivée d'Iphigénie ; il la voit conduire à l'autel, où l'attend le jésuitique Calchas ; il saurait bien répondre, si on le lui demandait, qu'il a fallu plusieurs heures pour tous ces événements. Cependant, si, durant la dispute d'Achille avec Agamemnon, il tire sa montre, elle lui dit : Huit heures et un quart. Quel est le spectateur qui s'en étonne ? Et cependant la pièce qu'il applaudit a déjà duré plusieurs heures.

C'est que même votre spectateur parisien est accoutumé à voir le temps marcher d'un pas différent sur la scène et dans la salle. Voilà un fait que vous ne pouvez me nier.

Il est clair que, même à Paris, même au théâtre français de la rue de Richelieu, l'imagination du spectateur se prête avec facilité aux suppositions du poëte. Le spectateur ne fait naturellement nulle attention aux intervalles de temps dont le poëte a besoin, pas plus qu'en sculpture il ne s'avise de reprocher à Dupaty ou à Bosio que leurs figures manquent de mouvement. C'est là une des infirmités de l'art. Le spectateur, quand il n'est pas un pédant, s'occupe uniquement des faits et des développements de passions que l'on met sous ses yeux. Il arrive précisément la même chose dans la tête du Parisien qui applaudit *Iphigénie en Aulide*, et dans celle de l'Écossais qui admire l'histoire de ses anciens rois, Macbeth et Duncan. La seule différence, c'est que le Parisien, enfant de bonne maison, a pris l'habitude de se moquer de l'autre.

L'ACADÉMICIEN. — C'est-à-dire que, suivant vous, l'illusion théâtrale serait la même pour tous deux ?

LE ROMANTIQUE. — Avoir des illusions, être dans l'*illusion*, signifie se tromper, à ce que dit le dictionnaire de l'Académie. Une *illusion*, dit M. Guizot, est l'effet d'une chose ou d'une idée qui nous déçoit par une apparence trompeuse. Illusion signifie donc l'action d'un homme qui croit la chose qui n'est pas, comme dans les rêves, par exemple. L'illusion théâtrale, ce sera l'action d'un homme qui croit véritablement existantes les choses qui se passent sur la scène.

L'année dernière (août 1822), le soldat qui était en faction dans l'intérieur du théâtre de Baltimore, voyant Othello qui, au cinquième acte de la tragédie de ce nom, allait tuer Desdemona, s'écria : « Il ne sera jamais dit qu'en ma présence un maudit nègre aura tué une femme blanche. » Au même moment le soldat tire son coup de fusil, et casse un bras à l'acteur qui faisait Othello. Il ne se passe pas d'année sans que les journaux ne rapportent des faits semblables. Eh bien ! ce soldat avait de l'*illusion*, croyait vraie l'action qui se passait sur la scène. Mais un spectateur ordinaire, dans l'instant le plus vif de son plaisir, au moment où *il applaudit* avec transport Talma-Manlius disant à son ami : « Connais-tu cet écrit ? » par cela seul qu'il applaudit n'a pas l'*illusion complète*, car il applaudit Talma, et non pas le Romain Manlius[5] ; Manlius ne fait rien de digne d'être applaudi, son action est fort simple et tout à fait dans son intérêt.

L'ACADÉMICIEN. — Pardonnez-moi, mon ami, mais ce que vous me dites-là est un lieu commun.

LE ROMANTIQUE. — Pardonnez-moi, mon ami, mais ce que vous me dites là est la défaite d'un homme qu'une longue habitude de se payer de phrases élégantes a rendu incapable de raisonner d'une manière serrée.

Il est impossible que vous ne conveniez pas que l'illusion que l'on va chercher au théâtre n'est pas une illusion parfaite. L'illusion *parfaite* était celle du soldat en faction au théâtre de Baltimore. Il est impossible que vous ne conveniez pas que les spectateurs savent bien qu'ils sont au théâtre, et qu'ils assistent à la représentation d'un ouvrage de l'art, et non pas à un fait vrai.

L'ACADÉMICIEN. — Qui songe à nier cela ?

LE ROMANTIQUE. — Vous m'accordez donc l'*illusion imparfaite* ? Prenez garde à vous.

Croyez-vous que, de temps en temps, par exemple deux ou trois fois dans un acte et à chaque fois durant une seconde ou deux, l'illusion soit complète ?

L'ACADÉMICIEN. — Ceci n'est point clair. Pour vous répondre, j'aurais besoin de retourner plusieurs fois au théâtre, et de me voir agir.

LE ROMANTIQUE. — Ah ! voila une réponse charmante et pleine de bonne foi. On voit bien que vous êtes de l'Académie, et que vous n'avez plus besoin des suffrages de vos collègues pour y arriver. Un homme qui aurait à faire sa réputation de littérateur instruit se donnerait bien garde d'être si clair et de raisonner d'une manière si précise. Prenez garde à vous ; si vous continuez à être de bonne foi, nous allons être d'accord.

Il me semble que ces moments d'*illusion parfaite* sont plus fréquents qu'on ne le croit en général, et surtout qu'on ne l'admet pour vrai dire dans les discussions littéraires. Mais ces moments durent infiniment peu, par exemple une demi-seconde, ou un quart de seconde. On oublie bien vite Manlius pour ne voir que Talma ; ils ont plus de durée chez les jeunes femmes, et c'est pour cela qu'elles versent tant de larmes à la tragédie.

Mais recherchons dans quels moments de la tragédie le spectateur peut espérer de rencontrer ces instants délicieux d'*illusion parfaite*.

Ces instants charmants ne se rencontrent ni au moment d'un changement de scène, ni au moment précis où le poète fait sauter douze ou quinze jours au spectateur, ni au moment où le poète est obligé de placer un long récit dans la bouche d'un de ses personnages, uniquement pour informer le spectateur d'un fait antérieur, et dont la connaissance lui est nécessaire, ni au moment où arrivent trois ou quatre vers admirables, et remarquables *comme vers*.

Ces instants délicieux et si rares d'*illusion parfaite* ne peuvent se rencontrer que dans la chaleur d'une scène animée, lorsque les répliques des acteurs se pressent ; par exemple, quand Hermione dit à Oreste, qui vient d'assassiner Pyrrhus par son ordre :

> Qui te l'a dit ?

Jamais on ne trouvera ces moments d'*illusion parfaite*, ni à l'instant où un meurtre est commis sur la scène, ni quand des gardes viennent arrêter un personnage pour le conduire en prison. Toutes ces choses, nous ne pouvons les croire véritables, et jamais elles ne produisent d'illusion. Ces morceaux ne sont faits que pour amener les scènes durant lesquelles les spectateurs rencontrent ces demi-secondes si délicieuses ; or, je dis que ces courts moments d'*illusion parfaite se trouvent plus souvent dans les tragédies de Shakspeare que dans les tragédies de Racine.*

Tout le plaisir que l'on trouve au spectacle tragique dépend de la fréquence de ces petits moments d'illusion, *et de l'état d'émotion où, dans leurs intervalles, ils laissent l'âme du spectateur.*

Une des choses qui s'opposent le plus à la naissance de ces moments d'illusion, c'est l'admiration, quelque juste qu'elle soit d'ailleurs, pour les beaux vers d'une tragédie.

C'est bien pis, si l'on se met à vouloir juger des *vers* d'une tragédie. Or c'est justement là la situation de l'âme du spectateur parisien, lorsqu'il va voir, pour la première fois, la tragédie si vantée du *Paria*.

Voilà la question du *Romanticisme* réduite à ses derniers termes. Si vous êtes de mauvaise foi, ou si vous êtes insensible, ou si vous êtes pétrifié par Laharpe, vous me nierez mes petits moments d'illusion parfaite.

Et j'avoue que je ne puis rien vous répondre. Vos sentiments ne sont pas quelque chose de matériel que je puisse extraire de votre propre cœur, et mettre sous vos yeux pour vous confondre.

Je vous dis : Vous devez avoir tel sentiment en ce moment ; tous les hommes généralement bien organisés éprouvent tel sentiment en ce moment. Vous me répondrez : Pardonnez-moi le mot, *cela n'est pas vrai.*

Moi, je n'ai rien à ajouter. Je suis arrivé aux derniers confins de ce que la logique peut saisir dans la poésie.

L'ACADÉMICIEN. — Voilà une métaphysique abominablement obscure ; et croyez-vous, avec cela, faire siffler Racine ?

LE ROMANTIQUE. — D'abord, il n'y a que des charlatans qui prétendent enseigner l'algèbre sans peine, ou arracher une dent sans douleur. La question que nous agitons est une des plus difficiles dont puisse s'occuper l'esprit humain.

Quant à Racine, je suis bien aise que vous ayez nommé ce grand homme. L'on a fait de son nom une injure pour nous ; mais sa gloire est impérissable. Ce sera toujours l'un des plus grands génies qui aient été livrés à l'étonnement et à l'admiration des hommes. César en est-il un moins grand général, parce que, depuis ses campagnes contre nos ancêtres les Gaulois, on a inventé la poudre à canon ? Tout ce que nous prétendons, c'est que si César revenait au monde, son premier soin serait d'avoir du canon dans son armée. Dira-t-on que Catinat ou Luxembourg sont de plus grands capitaines que César, parce qu'ils avaient un parc d'artillerie et prenaient en trois jours des places qui auraient arrêté les légions romaines pendant un mois ? Ç'aurait été un beau raisonnement à faire à François Ier, à Marignan, que de lui dire : Gardez-vous de vous servir de votre artillerie, César n'avait pas de canons ; est-ce que vous vous croiriez plus habile que César ?

Si des gens d'un talent incontestable, tels que MM. Chénier, Lemercier, Delavigne, eussent osé s'affranchir des règles dont on a reconnu l'absurdité depuis Racine, ils nous auraient donné mieux que *Tibère*, *Agamemnon* ou les *Vêpres siciliennes*. *Pinto* n'est-il pas cent fois supérieur à *Clovis*, *Orovèse*, *Cyrus*[6], ou telle autre tragédie fort régulière de M. Lemercier ?

Racine ne croyait pas que l'on pût faire la tragédie autrement. S'il vivait de nos jours, et qu'il osât suivre les règles nouvelles, il ferait cent fois mieux qu'*Iphigénie*. Au lieu de n'inspirer que de l'admiration, sentiment un peu froid, il ferait couler des torrents de larmes. Quel est l'homme un peu éclairé qui n'a pas plus de plaisir à voir aux Français la *Marie Stuart* de M. Lebrun que le *Bajazet* de Racine ? Et pourtant les vers de M. Lebrun sont bien faibles ; l'immense différence dans la quantité de plaisir vient de ce que M. Lebrun a osé être à demi romantique.

L'ACADÉMICIEN. — Vous avez parlé longtemps ; peut-être avez-vous bien parlé, mais vous ne m'avez pas convaincu du tout.

LE ROMANTIQUE. — Je m'y attendais. Mais aussi voilà un entr'acte un peu long qui va finir, la toile se relève. Je voulais chasser l'ennui en vous mettant un peu en colère. Convenez que j'ai réussi.

Ici finit le dialogue des deux adversaires, dialogue dont j'ai été réellement témoin au parterre de la rue Chantereine, et dont il ne tiendrait qu'à moi de nommer les interlocuteurs. Le romantique était poli ; il ne voulait pas pousser l'aimable académicien, beaucoup plus âgé que lui ; autrement il aurait ajouté : Pour pouvoir encore lire dans son propre cœur, pour que le voile de l'habitude puisse se déchirer, pour pouvoir se mettre en expérience pour les moments d'*illusion parfaite* dont nous parlons, il faut encore avoir l'âme susceptible d'impressions vives, il faut n'avoir pas quarante ans.

Nous avons des habitudes ; choquez ces habitudes, et nous ne serons sensibles pendant longtemps qu'à la contrariété qu'on nous donne. Supposons que Talma se présente sur la scène, et joue Manlius avec les cheveux poudrés à blanc et arrangés en ailes de pigeon, nous ne ferons que rire tout le temps du spectacle. En sera-t-il moins sublime au fond ? Non ; mais nous ne verrons pas ce sublime. Or Lekain eût produit *exactement le même effet en 1760*, s'il se fût présenté sans poudre pour jouer ce même rôle de Manlius. Les spectateurs n'auraient été sensibles pendant toute la durée du spectacle qu'à *leur habitude choquée*. Voilà précisément où nous en sommes en France pour Shakspeare. Il contrarie un grand nombre de ces habitudes ridicules que la lecture assidue de Laharpe et des autres petits rhéteurs musqués du dix-huitième siècle nous a fait contracter. Ce qu'il y a de pis, c'est que nous mettons de la *vanité* à soutenir que ces mauvaises habitudes sont fondées dans la nature.

Les jeunes gens peuvent revenir encore de cette erreur d'amour-propre. Leur âme étant susceptible d'impressions vives, le plaisir peut leur faire oublier la vanité ; or, c'est ce qu'il est impossible de demander à un homme de plus de quarante ans. Les gens de cet âge à Paris ont pris leur parti sur toutes choses, et même sur des choses d'une bien autre importance que celle de savoir si, pour faire des tragédies intéressantes en 1823, il faut suivre le système de Racine ou celui de Shakspeare.

---

1. ↑ Ce chapitre, sous le titre de *Racine et Shakspeare,* parut en octobre 1822 dans *Paris Monthly Review*. Pour les corrections qu'y apporta Stendhal en le publiant dans sa brochure de 1828, cf. l'article de Miss Doris Gunnell dans *Le Divan* de novembre–décembre 1920, p. 267.
   N. D. L. É.
2. ↑ Les deux premières tragédies sont de Casimir Delavigne, la troisième de Guiraud et la dernière d'Arnault fils.   N. D. L. É.
3. ↑ L'Opéra était installé rue Le Peletier depuis 1821.   N. D. L. É.
4. ↑ Dialogue d'Hermès Visconti dans le *Conciliatore,* Milan, 1818.
5. ↑ *Manlius Capitolinus* de Lafosse d'Aubigny.   N. D. L. É.
6. ↑ *Tibère* et *Cyrus* sont de M.-J. Chénier ; *Agamemnon* de Népomucène Lemercier, ainsi que *Pinto, Clovis* et *Isule et Orovèse*. N. D. L. É.

CHAPITRE II[1]

Le Rire[2]

Que ferez-vous, Monsieur, du nez d'un marguillier ?
REGNARD.

U N prince d'Allemagne, connu par son amour pour les lettres, vient de proposer un prix pour la meilleure dissertation philosophique sur le *rire*. J'espère que le prix sera remporté par un Français. Ne serait-il pas ridicule que nous fussions vaincus dans cette carrière ? Il me semble que l'on fait plus de plaisanteries à Paris pendant une seule soirée que dans toute l'Allemagne en un mois.

C'est cependant en allemand qu'est écrit le programme concernant le *rire*. Il s'agit d'en faire connaître la nature et les nuances ; il faut répondre clairement et nettement à cette question ardue : *Qu'est-ce que le rire ?*

Le grand malheur, c'est que les juges sont des Allemands ; il est à craindre que quelques demi-pensées disséminées élégamment en vingt pages de phrases académiques et de périodes savamment cadencées ne paraissent que du vide à ces juges grossiers. C'est un avertissement que je crois devoir à ces jeunes écrivains simples avec tant de recherche, naturels avec tant de manière, éloquents avec si peu d'idées,

> La gloire du distique et l'espoir du quatrain.

Ici il faut trouver des idées, ce qui est assurément fort impertinent. Ces Allemands sont si barbares !

Qu'est-ce que le *rire* ? Hobbes répond : *Cette convulsion physique, que tout le monde connaît, est produite par la vue imprévue de notre supériorité sur autrui.*

Voyez passer ce jeune homme paré avec tant de recherche : il marche sur la pointe du pied ; sur sa figure épanouie se lisent également, et la certitude des succès, et le contentement de soi-même ; il va au bal ; le voilà déjà sous la porte cochère, encombrée de lampions et de laquais ; il volait au plaisir, il tombe et se relève couvert de boue de la tête aux pieds ; ses gilets, jadis blancs et d'une coupe si savante, sa cravate nouée si élégamment, tout cela est rempli d'une boue noire et fétide. Un éclat de *rire* universel sort des voitures qui suivaient la sienne ; le *Suisse* sur sa porte se tient les côtés, la foule des laquais rit aux larmes et fait cercle autour du malheureux.

Il faut que le comique soit exposé avec clarté ; il est nécessaire qu'il y ait une vue nette de notre supériorité sur autrui.

Mais cette supériorité est une chose si futile et si facilement anéantie par la moindre réflexion, qu'il faut que la vue nous en soit présentée d'une manière imprévue.

Voici donc deux conditions du comique : la *clarté* et l'*imprévu*.

Il n'y a plus de *rire* si le désavantage de l'homme aux dépens duquel on prétendait nous égayer nous fait songer, dès le premier moment, que nous aussi nous pouvons rencontrer le malheur.

Que le beau jeune homme qui allait au bal, et qui est tombé dans un tas de boue, ait la malice, en se relevant, de traîner la jambe, et de faire soupçonner qu'il s'est blessé dangereusement, en un clin d'œil le rire cesse, et fait place à la terreur.

C'est tout simple, il n'y a plus jouissance de notre supériorité, il y a au contraire vue du malheur pour nous : en descendant de voiture, je puis aussi me casser la jambe.

Une plaisanterie douce fait rire aux dépens du plaisanté ; une plaisanterie *trop bonne* ne fait plus rire : on frémit en songeant à l'affreux malheur du plaisanté.

Voilà deux cents ans que l'on fait des plaisanteries en France ; il faut donc que la plaisanterie soit très fine, autrement on l'entend dès le premier mot, partant plus d'imprévu.

Autre chose : il faut que j'accorde un certain degré d'estime à la personne aux dépens de laquelle on prétend me faire rire. Je prise beaucoup le talent de M. Picard ;

cependant, dans plusieurs de ses comédies, les personnages destinés à nous égayer ont des mœurs si basses, que je n'admets aucune comparaison d'eux à moi ; je les méprise parfaitement aussitôt qu'ils ont dit quatre phrases. On ne peut plus rien m'apprendre de ridicule sur leur compte.

Un imprimeur de Paris avait fait une tragédie sainte, intitulée : *Josué*. Il l'imprima avec tout le luxe possible, et l'envoya au célèbre Bodoni, son confrère, à Parme. Quelque temps après, l'imprimeur-auteur fit un voyage en Italie ; il alla voir son ami Bodoni : « Que pensez-vous de ma tragédie de *Josué* ? — Ah ! que de beautés ! — Il vous semble donc que cet ouvrage me vaudra quelque gloire ? — Ah ! cher ami, il vous immortalise. — Et les caractères, qu'en dites-vous ? — Sublimes et parfaitement soutenus, surtout les majuscules. »

Bodoni, enthousiaste de son art, ne voyait, dans la tragédie de son ami, que la beauté des *caractères d'imprimerie*. Ce conte me fit rire beaucoup plus qu'il ne le mérite. C'est que je connais l'auteur de *Josué* et l'*estime infiniment* ; c'est un homme sage, de bonnes manières et même d'esprit, rempli de talents pour le commerce de la librairie. Enfin, je ne lui vois d'autres défauts qu'un peu de vanité, justement la passion aux dépens de laquelle la naïve réponse de Bodoni me fait rire.

Le *rire fou* que nous *cueillons* sur le *Falstaff* de Shakspeare lorsque, dans son récit au prince Henri (qui fut depuis le fameux roi Henri V), il s'enfile dans le conte des vingt coquins sortis des quatre coquins en habits de

Bougran, ce rire n'est délicieux que parce que *Falstaff* est un homme d'infiniment d'esprit et fort gai. Nous ne rions guère, au contraire, des sottises du père Cassandre ; notre supériorité sur lui est une chose trop reconnue d'avance.

Il entre de la vengeance d'ennui dans le *rire* qui nous est inspiré par un fat comme *M. Maclou de Beaubuisson* (du *Comédien d'Étampes*).

J'ai remarqué que, dans la société, c'est presque toujours d'un air méchant *et non pas d'un air gai*, qu'une jolie femme dit d'une autre femme qui danse : *Mon Dieu, qu'elle est ridicule !* Traduisez *ridicule* par *odieuse.*

Après avoir ri comme un fou ce soir de *M. Maclou de Beaubuisson,* fort bien joué par *Bernard-Léon,* je pensais que j'avais senti, confusément peut-être, que cet être ridicule avait pu inspirer de l'amour à de jolies femmes de province, qui, à leur peu de goût près, auraient pu faire mon bonheur. Le rire d'un très-joli garçon, qui aurait du succès à foison, n'aurait pas eu peut-être la nuance de vengeance que je croyais remarquer dans le mien.

Comme le ridicule est une grande punition parmi les Français, ils rient souvent par vengeance. Ce *rire-là* ne fait rien à l'affaire, ne doit pas entrer dans notre analyse ; il fallait seulement le signaler en passant. Tout *rire affecté,* par cela seul ne signifie rien ; c'est comme l'*opinion* de l'abbé Morellet en faveur des dîmes et du prieuré de *Thimer.*

Il n'est personne qui ne connaisse cinq ou six cents excellents contes qui circulent dans la société : l'on rit toujours à cause de la *vanité désappointée*. Si le conte est fait d'une manière trop prolixe, si le conteur emploie trop de paroles et s'arrête à peindre trop de détails, l'esprit de l'auditeur devine la chute vers laquelle on le conduit trop lentement ; il n'y a plus de *rire*, parce qu'il n'y a plus d'imprévu.

Si, au contraire, le conteur sabre son histoire et se précipite vers le dénoûment, il n'y a pas *rire*, parce qu'il n'y a pas l'extrême clarté qu'il faut. Remarquez que très-souvent le narrateur répète deux fois les cinq ou six mots qui font le dénoûment de son histoire ; et, s'il sait son métier, s'il a l'art charmant de n'être ni obscur ni trop clair, la moisson de *rire* est beaucoup plus considérable à la seconde répétition qu'à la première.

L'*absurde*, poussé à l'extrême, fait souvent *rire* et donne une gaieté vive et délicieuse. Tel est le secret de Voltaire dans sa diatribe du docteur *Akakia* et dans ses autres pamphlets. Le docteur Akakia, c'est-à-dire Maupertuis, dit lui-même les absurdités qu'un malin pourrait se permettre pour se moquer de ses systèmes. Ici, je sens bien qu'il faudrait des citations ; mais je n'ai pas un seul livre français dans ma retraite de Montmorency. J'espère que la mémoire de mes lecteurs, si j'en ai, voudra bien se rappeler ce volume charmant de leur édition de Voltaire, intitulé *Facéties*, et dont je rencontre souvent dans le *Miroir*[3] des imitations fort agréables.

Voltaire porta au théâtre cette habitude de mettre dans la bouche même des personnages comiques la description vive et brillante du ridicule qui les travaille, et ce grand homme dut être bien surpris de voir que personne ne riait. C'est qu'il est par trop contre nature qu'un homme se moque si clairement de soi-même. Quand, dans la société, nous nous donnons des ridicules exprès, c'est encore par excès de vanité ; nous volons ce plaisir à la malignité des gens dont nous avons excité l'envie.

Mais fabriquer un personnage comme *Fier-en-Fat*, ce n'est pas peindre les faiblesses du cœur humain, c'est tout simplement faire réciter, *à la première personne,* les phrases burlesques d'un pamphlet, et leur donner la vie.

N'est-il pas singulier que Voltaire, si plaisant dans la satire et dans le roman philosophique, n'ait jamais pu faire une scène de comédie qui fît *rire* ? Carmontelle, au contraire, n'a pas un proverbe où l'on ne trouve ce talent. Il avait trop de naturel, ainsi que Sedaine ; il leur manquait l'esprit de Voltaire, qui, en ce genre, n'avait que de l'esprit.

Les critiques étrangers ont remarqué qu'il y a toujours un fond de *méchanceté* dans les plaisanteries les plus gaies de *Candide* et de *Zadig*. Le riche Voltaire se plaît à couler nos regards sur la vue des malheurs inévitables de la pauvre nature humaine.

La lecture de Schlegel et de Dennis m'a porté au mépris des critiques français, Laharpe, Geoffroy, Marmontel, et au mépris de tous les critiques. Ces pauvres gens, impuissants à créer, prétendent à l'esprit, et ils n'ont point d'esprit. Par exemple, les critiques français proclament Molière le premier des comiques présents, passés et futurs. Il n'y a là-dedans de vrai que la première assertion. Assurément Molière, homme de génie, est supérieur à ce benêt qu'on admire dans les *Cours de littérature*, et qui s'appelle Destouches.

Mais Molière est inférieur à Aristophane.

Seulement, le *comique* est comme la musique : c'est une chose dont *la beauté ne dure pas*. La comédie de *Molière* est trop imbibée de *satire* pour me donner souvent la sensation du *rire gai*, si je puis parler ainsi. J'aime à trouver, quand je vais me délasser au théâtre, une imagination folle qui me fasse rire comme un enfant.

Tous les sujets de Louis XIV se piquaient d'imiter un certain modèle, pour être élégants et de bon ton, et Louis XIV lui-même fut le dieu de cette religion. Il y avait un *rire amer* quand on voyait son voisin se tromper dans l'imitation du modèle. C'est là toute la gaieté des *Lettres de madame de Sévigné*. Un homme, dans la comédie ou dans la vie réelle, qui se fût avisé de suivre librement, et sans songer à rien, les élans d'une imagination folle, au lieu de faire rire la société de 1670, eût passé pour fou[4].

Molière, homme de génie s'il en fut, a eu le malheur de travailler pour cette société-là.

Aristophane, au contraire, entreprit de faire rire une société de gens aimables et légers qui cherchaient le bonheur *par tous les chemins*. Alcibiade songeait fort peu, je crois, à imiter qui que ce fût au monde ; il s'estimait heureux quand il riait, et non pas quand il avait la jouissance d'orgueil de se sentir bien semblable à Lauzun, à d'Antin, à Villeroy, ou à tel autre courtisan célèbre de Louis XIV.

Nos cours de littérature nous ont dit au collége que l'on rit à Molière, et nous le croyons, parce que nous restons toute notre vie, en France, des hommes de collége pour la littérature. J'ai entrepris d'aller à Paris toutes les fois que l'on donne aux Français des comédies de Molière ou d'un auteur estimé. Je marque avec un crayon, sur l'exemplaire que je tiens à la main, les endroits précis où l'on rit, et de quel genre est ce *rire*. L'on rit, par exemple, quand un acteur prononce le mot de *lavement* ou de *mari trompé ;* mais c'est le rire par scandale, ce n'est pas celui que Laharpe nous annonce.

Le 4 décembre 1822, l'on donnait *le Tartuffe ;* mademoiselle Mars jouait ; rien ne manquait à la fête. Eh bien ! dans tout *le Tartuffe*, on n'a ri que deux fois, sans plus, et encore fort légèrement. L'on a plusieurs fois applaudi à la vigueur de la satire ou à cause des allusions ; mais on n'a ri, le 4 décembre,

1º Que quand Orgon, parlant à sa fille Marianne de son mariage avec Tartuffe (IIe acte), découvre Dorine près de lui, qui l'écoute ;

2º L'on a ri, dans la scène de brouille et de raccommodement entre Valère et Marianne, à une réflexion maligne que Dorine fait sur l'amour.

Étonné qu'on eût si peu ri à ce chef-d'œuvre de Molière, j'ai fait part de mon observation à une société de gens d'esprit : ils m'ont dit que je me trompais.

Quinze jours après, je retourne à Paris pour voir *Valérie*[5] ; l'on donnait aussi les *Deux Gendres*, comédie célèbre de M. Étienne. Je tenais mon exemplaire et mon crayon à la main : l'on n'a ri exactement *qu'une seule fois* ; c'est quand le gendre, conseiller d'État et qui va être ministre, dit au petit cousin qu'il a lu son placet. Le spectateur rit, parce qu'il a fort bien vu le petit cousin déchirer ce placet, qu'il arrache des mains d'un laquais auquel le conseiller d'État l'a remis sans le lire.

Si je ne me trompe, le spectateur sympathise avec la venue de *rire fou* que le petit cousin dissimule, par honnêteté, en s'entendant faire des compliments sur le contenu d'un placet qu'il sait bien avoir déchiré sans qu'on l'ait lu. J'ai dit à mes gens d'esprit qu'on n'avait ri que cette seule fois aux *Deux Gendres* ; ils m'ont répondu que c'était une fort bonne comédie, et qui avait un grand mérite de composition. Ainsi soit-il ! mais le rire n'est donc pas nécessaire pour faire une fort bonne comédie française.

Serait-ce, par hasard, qu'il faut simplement un peu d'action fort raisonnable, mêlée à une assez forte dose de satire, le tout coupé en dialogue, et traduit en vers alexandrins spirituels, faciles et élégants ? Les *Deux Gendres*, écrits en vile prose, auraient-ils pu réussir ?

Serait-ce que, comme notre tragédie n'est qu'une suite d'*odes*[6] entremêlées de narrations *épiques*[7], que nous aimons à voir déclamer à la scène par Talma ; de même, notre comédie ne serait, depuis Destouches et Collin d'Harleville, qu'une *épître* badine, fine, spirituelle, que nous aimons à entendre lire, sous forme de dialogue, par mademoiselle Mars et Damas[8] ?

Nous voici bien loin du *rire*, me dira-t-on ; vous faites un article de littérature *ordinaire*, comme M. C. dans le feuilleton des *Débats*[9].

Que voulez-vous ? c'est que, bien que je ne sois pas encore de la société des *Bonnes-Lettres*, je suis un ignorant, et de plus j'ai entrepris de parler sans avoir une idée ; j'espère que cette noble audace me fera recevoir aux *Bonnes-Lettres*.

Ainsi que le dit fort bien le programme allemand, le *rire* exige réellement, pour être connu, une dissertation de cent cinquante pages, et encore faut-il que cette dissertation soit plutôt écrite en style de chimie qu'en style d'académie.

Voyez ces jeunes filles dans cette maison d'éducation, dont le jardin est sous vos fenêtres ; elles rient de tout. Ne serait-ce point qu'elles voient le bonheur partout ?

Voyez cet Anglais morose qui vient déjeuner chez Tortoni, et y lit d'un air ennuyé, et à l'aide d'un lorgnon, de grosses lettres qu'il reçoit de Liverpool, et qui lui apportent des remises pour cent vingt mille francs ; ce n'est que la moitié de son revenu annuel ; mais il ne rit de rien : c'est que rien au monde n'est capable de lui procurer la *vue du bonheur*, pas même sa place de *vice-président* d'une société biblique.

Regnard est d'un génie bien inférieur à Molière ; mais j'oserai dire qu'il a marché dans le sentier de la véritable comédie.

Notre qualité d'*hommes de collège* en littérature, fait qu'en voyant ses comédies, au lieu de nous livrer à sa gaieté *vraiment folle*, nous pensons uniquement aux arrêts terribles qui le jettent au second rang. Si nous ne savions pas *par cœur les textes mêmes* de ces arrêts sévères, nous tremblerions pour notre réputation d'hommes d'esprit.

Est-ce là, de bonne foi, la disposition où il faut être pour rire ?

Quant à Molière et à ses pièces, que me fait à moi l'imitation plus ou moins heureuse du bon ton de la cour et de l'impertinence des marquis ?

Aujourd'hui il n'y a plus de cour, ou je m'estime autant, pour le moins, que les gens qui y vont ; et en sortant de dîner, après la bourse, si j'entre au théâtre, je veux qu'on me fasse rire, et je ne songe à imiter personne.

Il faut qu'on me présente des images naïves et brillantes de toutes les passions du cœur humain, et non pas seulement et toujours les grâces du marquis de Moncade[10]. Aujourd'hui, c'est ma fille qui est *Mademoiselle Benjamine*, et je sais fort bien la refuser à un marquis s'il n'a pas quinze mille livres de rente en biens-fonds. Quant à ses lettres de change, s'il en fait et qu'il ne les paye pas, *M. Mathieu*, mon beau-frère, l'envoie à Sainte-Pélagie. Ce seul mot de Sainte-Pélagie, pour un homme titré, vieillit Molière.

Enfin, si l'on veut me faire rire malgré le sérieux profond que me donnent la bourse et la politique, et les haines des partis, il faut que des gens passionnés se trompent, sous mes yeux, d'une manière plaisante, sur le chemin qui les mène au bonheur.

---

1. ↑ Ce chapitre parut sous ce même titre en janvier 1823 dans *Paris Monthly Review*. Pour les corrections qu'y apporta Stendhal en le publiant dans sa brochure de la même année, cf. l'article de Miss Doris Gunnell dans *Le Divan* de novembre–décembre 1920. p. 267. N. D. L. É.
2. ↑ Beyle se préoccupa constamment de la nature du rire et des sources du comique. On trouvera une analyse assez poussée de ses idées à ce sujet dans l'ouvrage d'Henri Delacroix : *La Psychologie de Stendhal*, pp. 224–234. En plus de ce chapitre inséré dans *Racine et Shakspeare*, Stendhal est revenu souvent à ces mêmes idées. On en trouvera l'exposé dans : *Mélanges d'art et de littérature* (1867), chap. I. Essai sur le Rire, pp. 1–30. — *Correspondance* (édition Paupe et Cheramy), I, pp. 70, 120–122 ; II, 279 et *passim*. — *Histoire de la Peinture en Italie* (1854), pp. 222–224 (Note). — *Molière jugé par Stendhal* (publié par Henri Cordier), pp. vi–xii. — *La Vie littéraire de Stendhal*, par Adolphe Paupe (Champion, 1914), pp. 138–143. — Enfin Miss Doris Gunnell : *Stendhal et l'Angleterre*, signale p. 245 que le *London Magazine* (octobre 1825, pp. 274–277) contient un article où Stendhal explique que « Shakspeare ne fait pas rire comme Molière ». N. D. L. É.
3. ↑ *Le Miroir des Spectacles*, petit journal satirique et libéral qui parut de 1821 à 1823, reparut ensuite sous le nom de *La Pandore* de 1823 à 1825. N. D. L. É.
4. ↑ Le théâtre de la foire de Regnard, Lesage et Dufresny, n'a aucun rang en littérature ; peu de gens l'ont lu. Il en est de même de Scarron et

Hauteroche.
5. ↑ *Valérie ou l'Aveugle,* comédie de Scribe et Mélesville.   N. D. L. É.
6. ↑ Monologue du *Paria,* de *Régulus,* des *Machabées.*
7. ↑ Récits d'Oreste dans *Andromaque.* Quel peuple n'a pas ses préjugés littéraires ? Voyez les Anglais ne proscrire que comme anti-aristocratique cette plate amplification de collège intitulée *Caïn, Mystère* par lord Byron.
8. ↑ Il dépend de la police de Paris d'arrêter la décadence de l'art dramatique. Elle doit employer sa toute-puissance à faire qu'aux deux premières représentations des ouvrages nouveaux donnés aux grands théâtres il n'y ait absolument aucun billet donné.
9. ↑ Le rédacteur des *Débats* qui signait C était Duviquet, tenant forcené du classicisme. N. D. L. É.
10. ↑ De l'*École des Bourgeois.*

CHAPITRE III

Ce que c'est que le Romanticisme.

L E *Romanticisme* est l'art de présenter aux peuples les œuvres littéraires qui, dans l'état actuel de leurs habitudes et de leurs croyances, sont susceptibles de leur donner le plus de plaisir possible.

Le *classicisme,* au contraire, leur présente la littérature qui donnait le plus grand plaisir possible à leurs arrière-grands-pères.

Sophocle et Euripide furent éminemment romantiques ; ils donnèrent aux Grecs rassemblés au théâtre d'Athènes, les tragédies qui, d'après les habitudes morales de ce peuple, sa religion, ses préjugés sur ce qui fait la dignité de l'homme, devaient lui procurer le plus grand plaisir possible.

Imiter aujourd'hui Sophocle et Euripide, et prétendre que ces imitations ne feront pas bâiller le Français du dix-neuvième siècle, c'est du classicisme[1].

Je n'hésite pas à avancer que Racine a été romantique ; il a donné aux marquis de la cour de Louis XIV une peinture des passions, tempérée par *l'extrême dignité* qui alors était de mode, et qui faisait qu'un duc de 1670, même dans les épanchements les plus tendres de l'amour paternel, ne manquait jamais d'appeler son fils *Monsieur.*

C'est pour cela que le Pylade d'*Andromaque* dit toujours à Oreste : *Seigneur ;* et cependant quelle amitié que celle d'Oreste et de Pylade !

Cette dignité-là n'est nullement dans les Grecs, et c'est à cause de cette *dignité,* qui nous glace aujourd'hui, que Racine a été romantique.

Shakspeare fut romantique parce qu'il présenta aux Anglais de l'an 1590, d'abord les catastrophes sanglantes amenées par les guerres civiles, et pour reposer de ces tristes spectacles, une foule de peintures fines des mouvements du cœur, et des nuances de passions les plus délicates. Cent ans de guerres civiles et de troubles presque continuels, une foule de trahisons, de supplices, de dévouements généreux, avaient préparé les sujets d'Élisabeth à ce genre de tragédie, qui ne reproduit presque rien de tout le *factice* de la vie des cours et de la civilisation des peuples tranquilles. Les Anglais de 1590, heureusement fort ignorants, aimèrent à contempler au théâtre l'image des malheurs que le caractère ferme de leur reine venait d'éloigner de la vie réelle. Ces mêmes détails naïfs, que nos vers alexandrins repousseraient avec dédain, et que l'on prise tant aujourd'hui dans *Ivanhoe* et dans *Rob-Roy,* eussent paru manquer de dignité aux yeux des fiers marquis de Louis XIV.

Ces détails eussent mortellement effrayé les poupées sentimentales et musquées qui, sous Louis XV, ne pouvaient voir une araignée sans s'évanouir. Voilà, je le sens bien, une phrase peu digne.

Il faut du courage pour être romantique, car il faut *hasarder*.

Le *classique* prudent, au contraire, ne s'avance jamais sans être soutenu, en cachette, par quelque vers d'Homère, ou par une remarque philosophique de Cicéron, dans son traité *De Senectute*.

Il me semble qu'il faut du courage à l'écrivain presque autant qu'au guerrier ; l'un ne doit pas plus songer aux journalistes que l'autre à l'hôpital.

Lord Byron, auteur de quelques héroïdes sublimes, mais toujours les mêmes, et de beaucoup de tragédies mortellement ennuyeuses, n'est point du tout le chef des romantiques.

S'il se trouvait un homme que les traducteurs à la toise se disputassent également à Madrid, à Stuttgard, à Paris et à Vienne, l'on pourrait avancer que cet homme a deviné les tendances morales de son époque[2].

Parmi nous, le populaire Pigault-Lebrun est beaucoup plus romantique que le sensible auteur de *Trilby*.

Qui est-ce qui relit *Trilby* à Brest ou à Perpignan ?

Ce qu'il y a de romantique dans la tragédie actuelle, c'est que le poète donne toujours un beau rôle au diable. Il parle éloquemment, et il est fort goûté. On aime l'opposition.

Ce qu'il y a d'antiromantique, c'est M. Legouvé, dans sa tragédie d'*Henri IV*, ne pouvant pas reproduire le plus beau mot de ce roi patriote : « Je voudrais que le plus pauvre paysan de mon royaume pût du moins avoir la poule au pot le dimanche. »

Ce mot vraiment français eût fourni une scène touchante au plus mince élève de Shakspeare. La tragédie *racinienne* dit bien plus noblement :

> Je veux enfin qu'au jour marqué pour le repos,
> L'hôte laborieux des modestes hameaux
> Sur sa table moins humble ait, par ma bienfaisance,
> Quelques-uns de ces mets réservés à l'aisance.
> *La mort de Henri IV*, acte IV[3].

La comédie romantique d'abord ne nous montrerait pas ses personnages en habits brodés ; il n'y aurait pas perpétuellement des amoureux et un mariage à la fin de la pièce ; les personnages ne changeraient pas de caractère tout juste au cinquième acte ; on entreverrait quelquefois un amour qui ne peut être couronné par le mariage ; le mariage, elle ne l'appellerait pas l'*hyménée* pour faire la rime. Qui ne ferait pas rire, dans la société, en parlant d'*hyménée* ?

Les *Précepteurs*, de Fabre d'Églantine, avaient ouvert la carrière que la censure a fermée. Dans son *Orange de*

Malte, un E…, dit-on, préparait sa nièce à accepter la place de maîtresse du roi[4]. La seule situation énergique que nous ayons vue depuis vingt ans, la scène du *paravent*, dans le *Tartuffe de mœurs*, nous la devons au théâtre anglais[5]. Chez nous, tout ce qui est *fort* s'appelle *indécent*. On siffle l'*Avare* de Molière (7 février 1823), parce qu'un fils manque de respect à son père.

Ce que la comédie de l'époque a de plus romantique, ce ne sont pas les grandes pièces en cinq actes, comme les *Deux Gendres* : qui est-ce qui se dépouille de ses biens aujourd'hui ? c'est tout simplement le *Solliciteur*, le *Ci-devant jeune homme* (imité du *Lord Ogleby* de Garrick), *Michel et Christine*, le *Chevalier de Canole*, l'*Étude du Procureur*, les *Calicots*[6], les *Chansons de Béranger*, etc. Le romantique dans le bouffon, c'est l'interrogatoire de l'*Esturgeon*[7], du charmant vaudeville de M. Arnault ; c'est *M. Beaufils*[8]. Voilà la manie du *raisonner*, et le *dandinisme littéraire* de l'époque.

M. l'abbé Delille fut éminemment romantique pour le siècle de Louis XV. C'était bien là la poésie faite pour le peuple qui, à Fontenoy, disait, chapeau bas, à la colonne anglaise : « *Messieurs, tirez les premiers.* » Cela est fort noble assurément ; mais comment de telles gens ont-ils l'effronterie de dire qu'ils admirent Homère ?

Les anciens auraient bien ri de notre honneur.

Et l'on veut que cette poésie plaise à un Français qui fut de la retraite de Moscou[9] !

De mémoire d'historien, jamais peuple n'a éprouvé, dans ses mœurs et dans ses plaisirs, de changement plus rapide et plus total que celui de 1780 à 1823 ; et l'on veut nous donner toujours la même littérature ! Que nos graves adversaires regardent autour d'eux : le sot de 1780 produisait des plaisanteries bêtes et sans sel ; il riait toujours ; le sot de 1823 produit des raisonnements philosophiques, vagues, rebattus, à dormir debout, il a toujours la figure allongée ; voilà une révolution notable. Une société dans laquelle un élément aussi essentiel et aussi répété que le *sot* est changé à ce point, ne peut plus supporter ni le même *ridicule* ni le même *pathétique.* Alors tout le monde aspirait à faire rire son voisin ; aujourd'hui tout le monde veut le tromper.

Un procureur incrédule se donne les œuvres de Bourdaloue magnifiquement reliées, et dit : Cela convient vis-à-vis des clercs.

Le poëte romantique par excellence, c'est le Dante ; il adorait Virgile, et cependant il a fait la *Divine Comédie,* et l'épisode d'Ugolin, la chose au monde qui ressemble le moins à l'*Énéide ;* c'est qu'il comprit que de son temps on avait peur de l'enfer.

Les Romantiques ne conseillent à personne d'imiter directement les drames de Shakspeare.

Ce qu'il faut imiter de ce grand homme, c'est la manière d'étudier le monde au milieu duquel nous vivons, et l'art de donner à nos contemporains précisément le genre de tragédie dont ils ont besoin, mais qu'ils n'ont pas l'audace de réclamer, terrifiés qu'ils sont par la réputation du grand Racine.

Par hasard, la nouvelle tragédie française ressemblerait beaucoup à celle de Shakspeare.

Mais ce serait uniquement parce que nos circonstances sont les mêmes que celles de l'Angleterre en 1590. Nous aussi nous avons des partis, des supplices, des conspirations. Tel qui rit dans un salon, en lisant cette brochure, sera en prison dans huit jours. Tel autre qui plaisante avec lui, nommera le jury qui le condamnera.

Nous aurions bientôt la *nouvelle tragédie française* que j'ai l'audace de prédire, si nous avions assez de sécurité pour nous occuper de littérature ; je dis sécurité, car le mal est surtout dans les imaginations qui sont effarouchées. Nous avons une sûreté dans nos campagnes, et sur les grandes routes, qui aurait bien étonné l'Angleterre de 1590.

Comme nous sommes infiniment supérieurs par l'esprit aux Anglais de cette époque, notre *tragédie nouvelle* aura plus de simplicité. À chaque instant Shakspeare fait de la rhétorique : c'est qu'il avait besoin de faire comprendre telle situation de son drame, à un public grossier et qui avait plus de courage que de finesse.

Notre tragédie nouvelle ressemblera beaucoup à *Pinto*, le chef-d'œuvre de M. Lemercier.

L'esprit français repoussera surtout le galimatias allemand, que beaucoup de gens appellent *romantique* aujourd'hui.

Schiller a *copié* Shakspeare et sa rhétorique ; il n'a pas eu l'esprit de donner à ses compatriotes la tragédie réclamée par leurs mœurs.

J'oubliais l'*unité de lieu* ; elle sera emportée dans la déroute du *vers alexandrin*.

La jolie comédie du *Conteur* de M. Picard, qui n'aurait besoin que d'être écrite par Beaumarchais ou par Shéridan pour être délicieuse, a donné au public la bonne habitude de s'apercevoir qu'il est des sujets charmants pour lesquels les changements de décorations sont absolument nécessaires.

Nous sommes presque aussi avancés pour la tragédie : comment se fait-il qu'Émilie de *Cinna* vienne conspirer précisément dans le grand cabinet de l'Empereur ? comment se figurer *Sylla*[10] joué sans changements de décorations ?

Si M. Chénier eût vécu, cet homme d'esprit nous eût débarrassés de l'*unité de lieu* dans la tragédie, et par conséquent des *récits ennuyeux* ; de l'unité de lieu qui rend à jamais impossibles au théâtre les grands sujets nationaux : l'*Assassinat de Montereau*, les *États de Blois*, la *Mort de Henri III*.

Pour *Henri III*, il faut absolument, d'un côté : Paris, la duchesse de Montpensier, le cloître des Jacobins ; de l'autre : Saint-Cloud, l'irrésolution, la faiblesse, les voluptés, et tout à coup la mort, qui vient tout terminer.

La tragédie *racinienne* ne peut jamais prendre que les trente-six dernières heures d'une action ; donc jamais de développements des passions. Quelle conjuration a le temps de s'ourdir, quel mouvement populaire peut se développer en trente-six heures ?

Il est intéressant, il est *beau* de voir Othello, si amoureux au premier acte, tuer sa femme au cinquième. Si ce changement a lieu en trente-six heures, il est absurde, et je méprise Othello.

Macbeth, honnête homme au premier acte, séduit par sa femme, assassine son bienfaiteur et son roi, et devient un monstre sanguinaire. Ou je me trompe fort, ou ces changements de passions dans le cœur humain sont ce que la poésie peut offrir de plus magnifique aux yeux des hommes, qu'elle touche et instruit à la fois.

―――――――

NAÏVETÉ DU *JOURNAL DES DÉBATS*

Feuilleton du 8 juillet 1818[11].

… Ô temps heureux où le parterre était composé presque en entier d'une jeunesse passionnée et studieuse, dont la mémoire était *ornée d'avance* de tous les beaux vers de Racine et de Voltaire ; d'une jeunesse qui ne se rendait au théâtre que *pour y compléter le charme de ses lectures* !

RÉSUMÉ

Je suis loin de prétendre que M. David se soit placé au-dessus des Lebrun et des Mignard. À mon avis, l'artiste moderne, plus remarquable par la force du caractère que par le talent, est resté inférieur aux grands peintres du siècle de Louis XIV ; mais sans M. David, que seraient aujourd'hui MM. Gros, Girodet, Guérin, Prudhon, et cette foule de peintres distingués sortis de son école ? Peut-être des Vanloo et des Boucher plus ou moins ridicules.

FIN

1. ↑ Voir l'analyse du théâtre grec, par Métastase.
2. ↑ Ce succès ne peut être une affaire de parti, ou d'enthousiasme personnel. Il y a toujours de l'intérêt d'argent au fond de tous les partis. Ici, je ne puis découvrir que l'intérêt du plaisir. L'homme par lui-même est peu digne d'enthousiasme : sa coopération probable à l'infâme *Beacon*. Anecdote ridicule du verre dans lequel George IV avait bu.
3. ↑ Les vers italiens et anglais permettent de tout dire ; le vers alexandrin seul, fait pour une cour dédaigneuse, en a tous les ridicules.

    Le vers, réclamant une plus grande part de l'attention du lecteur, est excellent pour la satire. D'ailleurs il faut que celui qui blâme prouve sa supériorité ; donc toute comédie *satirique* réclame les vers.

    J'ajouterai, par forme de digression, que la tragédie la plus passable de notre époque est en Italie. Il y a du charme et de l'amour véritable dans la *Francesca di Rimini* du pauvre Pellico ; c'est ce que j'ai vu de plus semblable à Racine. Son *Eufemio di Messina* est fort bien. Le *Carmagnola* et l'*Adelchi* de M. Manzoni annoncent un grand poëte, si ce n'est un grand tragique. Notre comédie n'a rien donné d'aussi vrai depuis trente ans que l'*Ajo nell imbarazzo* de M. le comte Giraud, de Rome.

4. ↑ On disait à madame de Pompadour : la *place* que vous occupez. Voir les Mémoires de Bézenval, de Marmontel, de madame d'Épinay. Ces

Mémoires sont remplis de situations fortes et nullement indécentes, que notre timide comédie n'ose reproduire. Voir le conte du *Spleen*, de Bézenval.

5. ↑ *L'Homme à sentiments ou le Tartuffe de mœurs* de Chéron est imité de *The school for scandal* de Sheridan. N. D. L. É.
6. ↑ *Le Solliciteur* est une comédie d'Ymbert, Scribe et Varner. — *Le Ci-devant Jeune Homme* de Merle et Brazier adapte une comédie anglaise de David Garrik et Colman : *The Clandestine Marriage*, dont un personnage est Milord Ogleby. — *Michel et Christine* est de Scribe et Dupin, ainsi que *L'Intérieur de l'étude ou le Procureur et l'Avoué*, et *Le Combat des Montagnes*. Dans cette dernière pièce, un personnage, marchand de nouveautés, s'appelle Calicot. — *Le Chevalier de Canole* est de Souque. N. D. L. É.
7. ↑ *Cadet-Roussel esturgeon* joué sous le nom de Delaligne, est de Désaugiers et Arnault père. N. D. L. É.
8. ↑ Personnage de deux pièces d'Étienne-Jouy. N. D. L. É.
9. ↑ Le poëme de l'époque, s'il était moins mal écrit, ce serait la *Panhypocrisiade* de M. Lemercier. Figurez-vous le *Champ de Bataille* de Pavie traduit en français par Boileau ou par M. l'abbé Delille. Il y a dans ce poëme de quatre cents pages quarante vers plus frappants et plus beaux qu'aucun de ceux de Boileau.
10. ↑ Tragédie d'Étienne Jouy. N. D. L. É.
11. ↑ Extrait d'un article de Duviquet. N. D. L. É.

RACINE ET SHAKSPEARE

Nº II

OU

RÉPONSE AU MANIFESTE CONTRE LE ROMANTISME

PRONONCÉ

PAR M. AUGER DANS UNE SÉANCE SOLENNELLE DE L'INSTITUT.

DIALOGUE
LE VIEILLARD. — « Continuons. »
LE JEUNE HOMME. — « Examinons. »
Voilà tout le dix-neuvième siècle.

1825

AVERTISSEMENT

Ni M. Auger ni moi ne sommes connus ; tant pis pour ce pamphlet. Ensuite, il y a déjà neuf ou dix mois que M. Auger a fait contre le romantisme la sortie emphatique et assez vide de sens à laquelle je réponds. M. Auger parlait au nom de l'Académie française ; quand j'eus terminé ma réplique, le 2 mai dernier, j'éprouvai une sorte de pudeur à malmener un corps autrefois si considéré et dont Racine et Fénelon ont été membres.

Nous avons au fond du cœur un singulier sentiment en France, et dont je ne soupçonnais pas l'existence, aveuglé que j'étais par les théories politiques de l'Amérique. Un homme qui veut une place met une calomnie dans les journaux ; vous la réfutez par un modeste exposé des faits : il jure de nouveau que sa calomnie est la vérité, et signe hardiment sa lettre ; car, en fait de délicatesse et de fleur de réputation, qu'a-t-il à perdre ? Il vous somme de signer votre réponse ; là commence l'embarras. Vous aurez beau donner des raisons péremptoires, il vous répondra ; il faudra donc encore écrire et signer, et peu à peu vous vous trouverez dans la boue. Le public s'obstinera à vous voir à côté de votre adversaire.

Eh bien ! en osant plaisanter l'Académie sur la mauvaise foi du discours qu'elle a mis dans la bouche de son directeur, j'ai craint d'être pris pour un effronté. Je ne veux pas être un de ces hommes qui attaquent les choses ridicules que les gens bien nés sont convenus de laisser passer sans mot dire dans la société.

Au mois de mai dernier, cette objection contre la publication de ma brochure romantique me parut sans réplique. Heureusement l'Académie s'est laissée aller depuis à un choix si singulier, et qui trahit tellement l'influence de la gastronomie[1], que tout le monde s'est moqué d'elle. Je ne serai donc pas le premier : au fait, dans un pays où il y a une *opposition,* il ne peut plus y avoir l'Académie française ; car jamais le ministère ne souffrira qu'on y reçoive les grands talents de l'opposition, et toujours le public s'obstinera à être injuste envers les nobles écrivains payés par les ministres, et dont l'Académie sera les Invalides.

---

1. ↑ Les membres de la *Société de la Fourchette* se réunissaient à table chaque semaine. Plusieurs étaient de l'Académie, ils y nommèrent les autres. C'est ainsi que Droz venait d'être élu contre Lamartine. N. D. L. É.

PRÉFACE

Un jour, et il y a de cela cinq ou six mois, l'Académie française continuait la marche lente et presque insensible qui la mène doucement et sans encombre vers la fin du travail monotone de la continuation de son dictionnaire ; tout dormait, excepté le secrétaire perpétuel et le rapporteur Auger, lorsqu'un hasard heureux fit appeler le mot *Romantique*.

À ce nom fatal d'un parti désorganisateur et insolent, la langueur générale fit place à un sentiment beaucoup plus vif. Je me figure quelque chose de semblable au grand inquisiteur Torquemada, environné des juges et des familiers de l'Inquisition, devant lesquels un hasard favorable au maintien des bonnes doctrines aurait fait amener tout à coup Luther ou Calvin. À l'instant on aurait vu la même pensée sur tant de visages d'ailleurs si différents ; tous auraient dit : « De quel supplice assez cruel pourrons-nous le faire mourir ? »

Je me permets d'autant plus volontiers une image si farouche, qu'assurément l'on ne peut rien se figurer de plus innocent que quarante personnages, graves et respectés, lesquels se constituent tout à coup en juges, *bien impartiaux*, de gens qui prêchent un nouveau culte opposé à celui dont ils se sont faits les prêtres. Certes, c'est en conscience qu'ils maudissent les profanateurs qui viennent troubler ce culte heureux qui, en échange de petites pensées arrangées en jolies phrases, leur vaut tous les avantages que le gouvernement d'un grand peuple peut conférer, les cordons, les pensions, les honneurs, les places de censeurs, etc., etc. La conduite de gens ordinairement si prudents pourrait rappeler, il est vrai, un mot célèbre du plus grand de ces hommes de génie qu'ils prétendent si burlesquement honorer par leurs homélies périodiques, mais génie si libre en ses écarts, si peu respectueux envers le *ridicule*, que pendant un siècle l'Académie refusa d'admettre non sa personne, mais son portrait. Molière, que tout le monde a nommé, fait adresser ce mot connu à un orfèvre qui ne voit rien de si beau pour égayer et guérir un malade que de grands ouvrages d'orfèvrerie exposés dans sa chambre : « *Vous êtes orfèvre, M. Josse.* »

Quelque classique et peu *nouvelle* que soit cette plaisanterie, le sûr moyen de se faire lapider eût été de la rappeler le jour où l'Académie fut tout à coup tirée de sa langueur accoutumée par la voix du rapporteur de son dictionnaire, appelant le mot fatal *Romantique* entre les mots *Romarin* et *Romaniste*. M. Auger lit sa définition ; à l'instant la parole lui est enlevée de toutes les parties de la salle. Chacun s'empresse de proposer, pour terrasser le monstre, quelques phrases énergiques ; mais à la vérité elles appartiennent plutôt au style de Juvénal qu'à celui d'Horace ou de Boileau ; il s'agit de désigner clairement ces novateurs effrénés qui prétendent follement qu'il se pourrait qu'on arrivât enfin, et peut-être, hélas ! de nos jours, à faire des ouvrages plus intéressants et moins ennuyeux que ceux de messieurs de l'Académie. Le plaisir si noble de dire des injures à des ennemis sans défense jette bientôt les académiciens dans un transport poétique. Ici la prose ne suffit plus à l'enthousiasme général, l'aimable auteur des *Étourdis*[1] et de tant d'autres comédies froides est prié de lire une satire qu'il a faite dernièrement contre les Romantiques. Je crois inutile de parler du succès d'un tel morceau en un tel lieu. Lorsque les pères conscrits de la littérature se furent un peu remis du rire inextinguible qu'avaient fait naître en ces grandes âmes les injures lancées à des rivaux absents, ils reprirent avec gravité le cours de leurs opérations officielles. Ils commencèrent par se déclarer compétents à l'unanimité pour juger les Romantiques ; après quoi, trois des membres les plus violents furent chargés de préparer la définition du mot *Romantisme*. On espère que cet article sera travaillé avec un soin particulier ; car, par un hasard qui n'a rien d'étonnant, ce morceau de douze lignes sera le premier ouvrage de ces trois hommes de lettres.

Cette séance si mémorable, pendant laquelle on a dit quelque chose d'intéressant, allait se terminer, lorsqu'un des quarante se lève et dit : « Toute l'absurdité des pygmées littéraires, barbares fauteurs du sauvage Shakspeare, poëte ridicule dont la muse vagabonde transporte dans tous les temps et dans tous les lieux les idées, les mœurs[2] et le langage des bourgeois de Londres, vient, messieurs, d'être exposée avec une éloquence égale au moins à votre impartialité. Vous étiez seulement les conservateurs du goût, vous allez être ses vengeurs. Mais quand arrivera le moment si doux de la vengeance ? Peut-être dans quatre ou cinq ans, quand nous publierons ce dictionnaire que l'Europe attend avec une respectueuse impatience. Or, je vous le demande, messieurs, chez une nation qui depuis peu se livre à la funeste manie de tout mettre en discussion, non seulement les lois de l'État, mais encore, ce qui est bien plus grave, la gloire de ses Académies, quels immenses progrès l'erreur et le faux goût ne peuvent-ils pas faire pendant quatre années ? Je demande que, le 24 avril prochain, jour solennel de la réunion des quatre Académies, vous chargiez l'un de vous de déclarer à un peuple avide de vous entendre notre arrêt sur le romantisme. N'en doutez point, messieurs, cet arrêt tuera le monstre. »

Des applaudissements unanimes arrachent la parole à l'orateur. M. Auger, académicien d'autant plus strict adorateur des règles que jamais il ne fit rien, est d'une commune voix chargé de foudroyer le *Romantisme*.

Huit jours se passent ; M. Auger paraît à la tribune ; il y a foule dans la salle ; on compte treize membres présents ; plusieurs ont revêtu leur costume. Avant de dérouler son manuscrit, le directeur de l'Académie adresse ces mots à l'honorable assemblée :

« Toutes les mesures extrêmes, messieurs, sont voisines de dangers extrêmes. En faisant aux romantiques l'honneur insigne de les nommer en cette enceinte, vous ferez connaître l'existence de cette secte insolente à certains salons vénérables, où jusqu'ici le nom du monstre n'avait point pénétré. Ce péril, tout grand qu'il puisse vous paraître, n'est encore, du moins à mes yeux, que le précurseur d'un danger extrême, et à la vue duquel, je ne crains pas de le dire, messieurs, vous prendrez peut-être la résolution de priver le peuple français de la grande leçon que vous lui prépariez dans la solennité du 24 avril. Le célèbre Johnson chez les Anglais, il y a plus d'un demi-siècle ; vers la même époque, le poëte Métastase chez les Italiens ; et de nos jours encore, M. le marquis Visconti ; M. Schlegel, cet Allemand d'une célébrité si funeste, qui donna jadis à madame de Staël la cruelle idée de se faire l'apôtre d'une doctrine malheureuse pour la gloire nationale, plus malheureuse encore pour l'Académie ; vingt autres que je pourrais nommer, si je ne craignais de vous fatiguer de trop de noms ennemis, ont publié des vérités, hélas ! trop claires aujourd'hui, sur le *Romantisme* en général, et en particulier sur la nature de l'illusion théâtrale. Ces vérités sont très-propres à éblouir les gens du monde, en ce qu'elles jettent un jour dangereux sur les impressions qu'ils vont chercher tous les jours au théâtre. Ces vérités funestes ne tendent à rien moins, messieurs, qu'à couvrir de ridicule notre célèbre

UNITÉ DE LIEU, la pierre angulaire de tout le système classique. En les réfutant, je courrais le danger de les faire connaître ; j'ai pris le parti plus sage, selon moi, de les traiter comme *non avenues ;* je n'en ai pas dit le plus petit mot dans mon discours... » (Interruption, applaudissements universels.) « *Grande mesure ! profonde politique !* » s'écrie-t-on de toutes parts. « *Nous n'eussions pas mieux fait,* » dit tout bas un jésuite. L'orateur continue : — « Ne donnons pas, messieurs, le droit de bourgeoisie aux funestes doctrines qui ont fait la gloire des Johnson[3], des Visconti, des auteurs de l'*Edinburgh Rewiew* et de cent autres : reprochons-leur en masse seulement, et sans les nommer, une obscurité ridicule. Au lieu de dire les Prussiens, les Saxons, comme tout le monde, disons les Bructères et les Sicambres[4]. Tous les partisans des saines doctrines applaudiront à tant d'érudition. Moquons-nous en passant de la pauvreté si ridicule de ces bons écrivains allemands qui, dans un siècle où la *notice* se vend au poids de l'or, et où le *rapport* mène à tout, *disposés à l'erreur par leur sincérité*[5], se contentent, avec un goût que j'appellerai si mesquin, d'une vie frugale et retirée qui les éloigne à jamais de la pompe des cours et des brillantes fonctions qu'on y obtient, pour peu qu'on ait de savoir-faire et de souplesse. Ces pauvres gens allèguent le prétexte gothique et peu académique qu'ils veulent conserver le privilége de dire sur toutes choses ce qui leur semble la vérité. Ils ajoutent, ces pauvres Sicambres qui n'ont jamais rien été sous aucun régime, pas même *censeurs* ou chefs de bureau[6], cette maxime dangereuse, subversive de toute décence en littérature : Ridendo dicere verum Quid vetat ? *Ce qui nous semble vrai, pourquoi ne pas le dire en riant* ? Je vois, messieurs, à cette phrase sur le ridicule, un nuage sombre se répandre sur vos physionomies, d'ordinaire si épanouies. Je devine l'idée qui traverse vos esprits ; vous vous souvenez de certains pamphlets publiés par un *Vigneron*, et qui ne tendent à rien moins qu'à déconsidérer tout ce qu'il y a au monde de plus respectable, tout ce qu'il y a de considérable parmi les hommes, je veux dire les choix de l'Académie des Inscriptions et l'admission si mémorable dans ce corps savant de *MM. Jomard* et *le Prévot-d'Iray*[Z]. N'en doutez point, messieurs, le monstre du Romantisme ne respecte aucune décence. De ce qu'une chose ne s'est jamais faite, il en conclut, et j'en frémis, non qu'il faut soigneusement s'en abstenir, mais, au contraire, qu'il sera peut-être piquant de la tenter ; de quelque respectable costume qu'un homme de lettres soit parvenu à se revêtir, il osera s'en moquer. Ces malheureux romantiques ont paru dans la littérature pour déranger toutes nos existences. Une fois nommé, qui eût dit à notre collègue *le Prévot-d'Iray* qu'on irait lui demander le Mémoire couronné qu'il jura de ne jamais imprimer ?

« Si un Romantique était ici présent, je ne fais aucun doute, messieurs, qu'il ne se permît, dans quelque misérable pamphlet, de rendre un compte ridicule de nos travaux si importants pour la gloire nationale. Je sais bien que nous dirons qu'il y a un manque de goût scandaleux dans de tels ouvrages, qu'ils sont *grossiers*. D'après un exemple officiel, nous pourrons même aller jusqu'à les traiter de *cyniques*. Mais voyez, messieurs, comme tout change ; il y a quarante ans qu'un tel mot eut suffi pour perdre non-seulement le livre le plus travaillé, mais encore son malheureux auteur. Hélas ! naguère ce mot *cynique*, appliqué aux écrits de certain *Vigneron*, homme sans existence et qui n'a pas même de voiture, n'a servi qu'à faire vendre vingt mille exemplaires de son pamphlet. Vous voyez, messieurs, l'insolence du public et tous les dangers de notre position. Sachons nous refuser le plaisir si doux de la vengeance : sachons ne répondre que par le silence du mépris à tous ces auteurs Romantiques, écrivant pour les exigences d'un siècle révolutionnaire, et capables, je n'en doute point, de ne voir dans quarante personnages graves, se rassemblant à jours fixes pour ne rien faire, et se dire entre eux qu'ils sont ce qu'il y a de plus remarquable dans la nation, que *de grands enfants jouant à la chapelle.* »

Ici, les bravos interrompent M. Auger. Mais en prenant la résolution de continuer à écrite le moins possible, les illustres Académiciens semblent avoir entrepris de redoubler de faconde. La foule des orateurs est telle, que l'admission du manifeste rédigé par M. Auger n'a pas occupé moins de quatre séances consécutives. Il y a telle épithète placée avant ou après le substantif, *qu'elle affaiblit*, qui a changé sept fois de position, et qui s'est vue l'objet de cinq amendements[8].

Je l'avoue, ce manifeste me jette dans un grand embarras. Pour le mettre à l'abri de toute réfutation, messieurs de l'Académie ont usé d'une adresse singulière, et bien digne d'hommes admirés dans Paris pour les succès de la politique appliquée aux intérêts de la vie privée. Si ces messieurs n'avaient été que des écrivains brillants d'esprit, que de simples successeurs des Voltaire, des La Bruyère, des Boileau, ils auraient cherché à rassembler dans leur écrit des raisons invincibles, et à les rendre intelligibles à tous par un style simple et lumineux. Que serait-il arrivé ? On eût attaqué ces raisons par des raisons contraires, une controverse se serait établie ; l'infaillibilité de l'Académie eût été mise en doute, et la considération dont elle jouit eût pu recevoir quelque atteinte parmi les gens qui ne s'occupent que de rentes et d'argent, et qui forment l'immense majorité dans les salons.

En ma qualité de *Romantique,* et pour n'imiter personne, pas même l'Académie, je me proposais de relever une discussion aussi frivole par un avantage bien piquant et bien rare, *un peu de bonne foi et de candeur.* Je voulais bonnement commencer ma réfutation en réimprimant le manifeste de M. Auger. Hélas ! ma bonne foi a failli m'être funeste ; c'est aujourd'hui le poison le plus dangereux à manier. À peine ma brochure terminée, je l'ai lue, ou plutôt j'ai tenté de la lire à quelques bons amis brûlant de me siffler ; on s'asseoit, j'ouvre mon cahier, il commençait par le manifeste académique. Mais hélas ! à peine étais-je arrivé à la sixième page, qu'un froid mortel se répand dans mon petit salon. Les yeux fixés sur mon manuscrit, ne me doutant de rien, je continuais toujours, cherchant seulement à aller vite, lorsque l'un des amis m'arrête. C'est un jeune avocat d'un tempérament robuste, aguerri par la lecture des *pièces* dans les procédures, et qui, bien que fortement éprouvé, avait cependant encore la force de parler. Tous les autres, pour mieux se livrer à leur attention profonde, se cachaient le front de la main, et, à l'interruption, aucun n'a fait de mouvement. Consterné de cet aspect, je regarde mon jeune avocat : « Les phrases élégantes que vous nous débitez, me dit-il, sont bonnes à être récitées dans une assemblée solennelle ; mais comment ne savez-vous pas qu'en petit comité il faut au moins une apparence de raison et de bonne foi ? Tant que l'on n'est que sept à huit, tout n'est pas excusé par la nécessité de faire effet ; chacun voit trop clairement, que personne n'est trompé. Dans une assemblée nombreuse, on pense toujours à Paris que l'autre côté de la salle est pris pour dupe et admire. Une séance de l'Académie est une cérémonie. L'on y arrive avec l'inquiétude de ne pas trouver de place ; rien en France ne dispose mieux au respect. Comment tant de gens s'empresseraient-ils pour ne voir qu'une chose ennuyeuse ? À peine rassemblé, le public s'occupe des femmes élégantes qui arrivent et se placent avec fracas ; plus tard, il s'amuse à reconnaître les ministres présents et passés qui ont daigné se faire de l'Académie ; il considère les cordons et les plaques. Enfin, ce qui sauve les discours à l'Institut, c'est qu'il y a spectacle. Mais vous, mon cher, si vous ne trouvez pas d'autre manière de commencer votre pamphlet que de citer M. Auger, vous êtes un homme perdu. »

Deux de nos amis, que nos voix plus animées avaient tirés de la rêverie, ajoutent : « Ah ! c'est bien vrai. » L'avocat reprend : « Comprenez donc que des phrases académiques sont officielles, et partant faites pour *tromper quelqu'un* ; donc il y a inconvenance à les lire en petit comité, et surtout entre gens de fortunes égales. »

Ah ! répondis-je, le *Constitutionnel* m'avait bien prévenu, si j'avais su le comprendre, que M. Auger était un critique *sage et froid* (n° du 26 avril), il aurait dû dire *très-froid*, à l'effet qu'il produit sur vous ; car enfin, messieurs, à l'exception du titre de mon pamphlet, je ne vous ai pas encore lu une phrase de mon cru, et je ne vous en lirai point ; je vois que toute réfutation est impossible, puisque, rien qu'en exposant les raisons de ma partie adverse, j'endors le lecteur. Allons chez Tortoni, il est de mon devoir de vous réveiller, et certes je ne vous dirai plus un mot de littérature ; je n'ai ni jolies femmes ni grands cordons pour soutenir votre attention.

Comme je parlais ainsi avec un peu d'humeur, contrarié d'avoir travaillé quatre jours pour rien, et d'avoir été dupe de tant de raisonnements, qui en les écrivant me semblaient si beaux : « Je vois bien que vous ne réussirez jamais à rien, reprit l'avocat ; vous vivriez dix ans à Paris que vous n'arriveriez pas même à être de la société pour la morale chrétienne ou de l'académie de géographie ! Qui vous dit de supprimer votre brochure ? Hier soir, vous m'avez montré une lettre qui vous est adressée par un de vos amis *classiques*. Cet ami vous donne en quatre petites pages les raisons que M. Auger aurait dû présenter dans son feuilleton de quarante. Imprimez cette lettre et votre réponse ; arrangez une préface pour faire sentir au lecteur le tour jésuitique et rempli d'une adresse sournoise que l'Académie cherche à jouer à l'imprudent qui voudra réfuter son Manifeste. »

De deux choses l'une, se sont dit les membres du premier corps littéraire de l'Europe, *ou l'homme obscur qui nous réfutera ne nous citera pas, et nous crierons à la mauvaise foi, ou il transcrira le feuilleton de ce pauvre Auger, et sa brochure sera d'un ennui mortel. Nous dirons partout, nous qui sommes quarante contre un : Voyez comme ces romantiques sont ennuyeux et lourds avec leurs prétendues réfutations.*

Je présente donc au public la lettre classique que je reçus deux jours après que le manifeste de M. Auger eut fait son apparition dans le monde par ordre. Cette lettre renferme toutes les objections produites par M. Auger. Ainsi, en réfutant la lettre, j'aurai réfuté le manifeste, et c'est ce que je me réserve de faire sentir aux moins attentifs, en citant à mesure de la discussion plusieurs phrases de M. Auger.

Me fera-t-on quelques reproches du ton que j'ai pris dans cette préface ? Rien ne me semble plus naturel et plus simple. Il s'agit entre M. Auger, qui n'a jamais rien fait, et moi, soussigné, qui n'ai jamais rien fait non plus, d'une discussion frivole et assurément sans importance pour la sûreté de l'État, sur cette question difficile : *Quelle route faut-il suivre pour faire aujourd'hui une tragédie qui ne fasse point bâiller dès la quatrième représentation ?*

Toute la différence que je vois entre moi et M. Auger, dont je ne connaissais pas une ligne il y a quatre jours avant de chercher à le réfuter, c'est qu'il y a quarante voix éloquentes et considérables dans le monde pour vanter son ouvrage. Quant à moi, j'aime mieux encourir le reproche d'avoir un style heurté que celui d'être vide ; tout mon tort, si j'en ai, n'est pas d'être impoli, mais d'être poli plus vite.

Je respecte beaucoup l'Académie comme *corps constitué* (loi de 1821) ; elle a *ouvert* une discussion littéraire, j'ai cru pouvoir lui répondre. Quant à ceux de messieurs ses membres que je nomme, je n'ai jamais eu l'honneur de les voir. D'ailleurs je n'ai jamais cherché à les offenser le moins du monde, et si j'ai dit *célèbre* à M. Villemain, c'est que j'ai trouvé ce mot-là dans les *Débats*[9], dont il est rédacteur, à côté de son nom.

---

1. ↑ Andrieux. N. D. L. É.
2. ↑ Page 14 du Manifeste.
3. ↑ Voir la célèbre préface aux *Œuvres complètes de Shakspeare*, imprimée en 1765 ; examen de cette question : *en quoi consiste l'illusion théâtrale ?*
4. ↑ Page 20 du Manifeste.
5. ↑ Page 5 du Discours de M. Auger.
6. ↑ Auger avait été précisément l'un et l'autre. N. D. L. É.
7. ↑ Cf. *Lettre à Messieurs de l'Académie des Inscriptions et Belles-Lettres* de P.-L. Courier. N. D. L. É.
8. ↑ Historique.

9. ↑ Numéro du 12 mars 1823.

LETTRE I

Le Classique au Romantique.

Ce 26 avril 1824.

J E vous remercie mille fois, monsieur, de l'aimable envoi que vous m'avez fait ; je relirai vos jolis volumes aussitôt que la loi des rentes et les travaux de la session me le permettront[1].

Je souhaite de tout mon cœur que l'administration de l'Opéra procure jamais aux oreilles de nos *dilettanti* quelques-unes des jouissances que vous dépeignez si bien, mais j'en doute fort ; l'*urlo francese* est plus puissant que les tambours de Rossini ; rien de plus tenace que les habitudes d'un public qui ne va au spectacle que pour se désennuyer.

Je ne dirai pas que j'ai ou que je n'ai pas trouvé du *romantique* dans votre ouvrage. Il faudrait, avant tout, savoir ce que c'est ; et il me semble que, pour jeter quelque lumière sur cette question, il serait bien temps de renoncer aux définitions vagues et abstraites de choses qui doivent être sensibles. Laissons les mots ; cherchons des exemples.

Qu'est-ce que le ROMANTIQUE ? Est-ce le *Han d'Islande* du bonhomme Hugo ? Est-ce le *Jean Sbogar* aux phrases retentissantes, du vaporeux Nodier ? Est-ce ce fameux *Solitaire*, où un des plus farouches guerriers de l'histoire, après avoir été tué dans une bataille, se donne la peine de ressusciter pour courir après une petite fille de quinze ans, et faire des phrases d'amour ? Est-ce ce pauvre *Faliero*[2], si outrageusement, reçu aux Français, et traduit pourtant de lord Byron ? Est-ce le *Christophe Colomb* de M. Lemercier, où, si j'ai bonne mémoire, le public, embarqué dès le premier acte dans la caravelle du navigateur génois, descendait au troisième sur les rivages d'Amérique ? Est-ce la *Panhypocrisiade* du même poëte, ouvrage dont quelques centaines de vers très-bien faits et très philosophiques ne sauraient faire excuser la monotone bizarrerie et le prodigieux dévergondage d'esprit ? Est-ce la *Mort de Socrate*, du P. Lamartine, le *Parricide*, de M. Jules Lefèvre, ou l'*Éloa*, ange femelle, née d'une larme de Jésus-Christ, de M. le comte de Vigny ? Est-ce enfin la fausse sensibilité, la prétentieuse élégance, le pathos obligé de cet essaim de jeunes poëtes qui exploitent le *genre rêveur*, les *mystères de l'âme*, et qui, bien nourris, bien rentés ne cessent de chanter les misères humaines et les joies de la mort ? Tous ces ouvrages ont fait du bruit en naissant ; tous ont été cités comme modèles dans le *genre nouveau* ; tous sont ridicules aujourd'hui.

Je ne vous parle point de quelques productions réellement trop pitoyables malgré l'espèce de succès qui a signalé leur entrée dans le monde. On connaît le compérage des journaux, les ruses des auteurs, les éditions à cinquante exemplaires, les faux-titres, les frontispices refaits[3], les caractères remaniés, etc., etc. ; tout ce petit charlatanisme est mis a découvert depuis longtemps. Il faut que la guerre entre les romantiques et les classiques soit franche et généreuse : les uns et les autres ont quelquefois des champions qui déshonorent la cause qu'ils prétendent servir ; et à propos de style, par exemple, il n'y aurait pas plus de justice à reprocher à votre école d'avoir produit le célèbre vicomte *inversif* qu'il n'y en aurait de votre part à accuser le classicisme d'avoir produit un Chapelain ou un Pradon. Je ne citerais même pas comme appartenant probablement au genre romantique les ouvrages que je viens de vous rappeler, si la plupart de ceux qui les ont faits ne se décoraient dans le monde du beau nom d'*écrivains romantiques* avec une assurance qui doit vous désespérer.

Examinons le peu d'ouvrages qui, depuis vingt ans, ont eu un succès que chaque jour a confirmé. Examinons *Hector*[4], *Tibère*, *Clytemnestre*, *Sylla*, l'*École des Vieillards*, les *Deux Gendres*, et quelques pièces de Picard et de Duval ; examinons les divers genres, depuis les romans de madame Cottin jusqu'aux chansons de Béranger, et nous reconnaîtrons que tout ce qu'il y a de bon, de beau et d'applaudi dans tous ces ouvrages, tant pour le style que pour l'ordonnance, est conforme aux préceptes et aux exemples des bons écrivains du vieux temps, lesquels n'ont vécu, lesquels ne sont devenus classiques que parce que, tout en cherchant des sujets nouveaux, ils n'ont jamais cessé de reconnaître l'autorité de l'école. Je ne vois réellement que *Corinne* qui ait acquis une gloire impérissable sans se modeler sur les anciens ; mais une exception, comme vous savez, confirme une règle.

N'oublions pas que le public français est encore plus obstiné dans ses admirations que les auteurs dans leurs principes ; car les plus classiques renieraient demain Racine et Virgile si l'expérience leur prouvait une fois que c'est un moyen d'avoir du génie. Vous regrettez qu'on ne vous joue pas *Macbeth*. On l'a joué, le public n'en a pas voulu ; il est vrai qu'on n'y voyait ni le sabbat des sorcières, ni le choc guerrier de deux grandes armées se heurtant, se poussant, se culbutant sur le théâtre comme au mélodrame, ni enfin sir Macduf arrivant la tête de Macbeth à la main.

Voilà, monsieur, le fond de ma doctrine ou de mes préjugés. Cela n'empêchera pas les *romantiques* d'aller leur train ; mais je voudrais qu'un écrivain aussi positif et aussi clairvoyant que vous voulût bien nous montrer ce qu'est, ou plutôt ce que peut être le *Romantique* dans la littérature française, et relativement au goût qu'elle s'est fait. Je n'aime pas plus que vous la fausse grandeur, le jargon des ruelles et les marquis portant des perruques de mille écus[5] ; je conviens avec vous que cent cinquante ans d'Académie française nous ont furieusement ennuyés. Mais ce que les anciens ont de beau et de bon n'est-il pas de tous les temps ? Au surplus, vous dites qu'il nous faut aujourd'hui « *un genre clair, vif, simple, allant droit au but* ». Il me semble que c'est une des règles des classiques, et nous ne demandons pas autre chose à MM. Nodier, Lamartine, Guiraud, Hugo, de Vigny et consorts. Vous voyez, monsieur, que nous nous entendons beaucoup mieux qu'on ne le dirait d'abord, et qu'au fond nous combattons presque sous le même drapeau. Excusez mon bavardage, et recevez l'expression de mes sentiments les plus distingués[6].

LE C. N.

---

1. ↑ Il s'agit ici, le paragraphe suivant le montre bien, d'un remerciement pour *la Vie de Rossini* qui était parue depuis peu. Nous rappelons que, suivant toute vraisemblance, Stendhal n'invente ni la présente lettre ni son correspondant classique. N. D. L. É.
2. ↑ *Le Solitaire* est un roman du vicomte d'Arlincourt, le « vicomte inversif ». Et *Faliero* d'après *Marino Faliero* de Byron est une pièce de Gosse. N. D. L. É.
3. ↑ Voir un numéro de la *Pandore* relatif à un débat d'intérêt entre le très-lyrique auteur de *Han* et son libraire Persan.
4. ↑ *Hector* est de Luce de Lancival. N. D. L. É.
5. ↑ Préface de la première partie de *Racine et Shakspeare*. — Bossange, 1823.
6. ↑ La *Pandore* du 29 mars 1824 dit avec des injures ce que la lettre que je viens de transcrire présente avec beaucoup de politesse et d'esprit.

   « Qu'est-ce que le *romantisme* ? Peut-on faire un genre à part de l'extravagance, du désordre et de l'enthousiasme froid ? Que signifie cette puérile distinction ? Il n'y a au fond ni genre classique, ni genre romantique… Disons-le, cette division que l'on cherche à introduire dans la littérature est l'ouvrage de la médiocrité. Êtes-vous doué d'un esprit juste ?… Êtes-vous disposé à l'exaltation ?… Soyez clair et élégant, et vous serez sûr de ne pas vous rencontrer avec ceux qui ont inventé cette *absurde distinction*.

« É. Jouy. »

J'avoue que plusieurs des mots qu'emploie M. É. Jouy ne sont pas à mon usage ; mais aussi je n'ai pas *Sylla* à défendre !

RÉPONSE

Le Romantique au Classique.

Ce 26 avril.

Monsieur,

SI un homme se présente et dit : « J'ai une excellente méthode pour faire de belles choses, » on lui dit « Faites. »

Mais si cet homme qui se présente est un chirurgien et s'appelle Forlenze, et qu'il parle à des aveugles-nés, il leur dit, pour les engager à se faire opérer de la cataracte : « Vous verrez de belles choses après l'opération, par exemple, le soleil… » Ils l'interrompent en tumulte : « Citez-nous, disent-ils, un de nous qui ait vu le soleil. »

Je ne prétends pas trop presser cette petite comparaison ; mais enfin personne en France n'a encore travaillé d'après le système romantique, et les bonshommes Guiraud et compagnie moins que personne. Comment faire pour vous citer des exemples ?

Je ne nierai point que l'on ne puisse créer de belles choses, même aujourd'hui, en suivant le système *classique* ; mais elles seront *ennuyeuses.*

C'est qu'elles seront en partie calculées sur les exigences des Français de 1670, et non sur les besoins moraux, sur les passions dominantes du Français de 1824. Je ne vois que *Pinto* qui ait été fait pour des Français modernes. Si la police laissait jouer *Pinto,* en moins de six mois le public ne pourrait plus supporter les conspirations en vers alexandrins. Je conseille donc aux classiques de bien aimer la police, autrement ils seraient des ingrats.

Quant à moi, dans ma petite sphère, et à une distance immense de *Pinto* et de tout ouvrage approuvé du public, j'avouerai d'abord que, manquant d'occupations plus sérieuses depuis 1814, j'écris comme on fume un cigare, pour passer le temps ; une page qui m'a amusé à écrire est toujours bonne pour moi.

J'apprécie donc autant que je le dois, et plus que personne, toute la distance qui me sépare des écrivains en possession de l'admiration publique et de l'Académie française. Mais enfin, si M. Villemain ou M. de Jouy avaient reçu par la petite poste le manuscrit de la *Vie de Rossini,* ils l'auraient considéré comme un « écrit, en langue étrangère », et l'auraient *traduit* en beau style académique dans le goût de la *préface* de la *République de Cicéron,* par M. Villemain, ou des lettres de *Stephanus Ancestor.* Bonne aventure pour le libraire, qui aurait eu vingt articles dans les journaux, et serait maintenant occupé à préparer la sixième édition de son livre ; mais moi, en essayant de l'écrire de ce beau style académique, je me serais ennuyé, et vous avouerez que j'aurais fait un métier de dupe. À mes yeux, ce style arrangé, compassé, plein de chutes piquantes, *précieux*, s'il faut dire toute ma pensée, convenait merveilleusement aux Français de 1785 ; M. Delille fut le héros de ce style : j'ai *tâché* que le mien convint aux enfants de la Révolution, aux gens qui cherchent la pensée plus que la beauté des mots ; aux gens qui, au lieu de lire Quinte-Curce et d'étudier Tacite, ont fait la campagne de Moscou et vu de près les étranges transactions de 1814.

J'ai ouï parler, à cette époque, de plusieurs petites conspirations. C'est depuis que je méprise les conspirations en vers alexandrins, et que je désire la *tragédie en prose* : une *Mort de Henri III*, par exemple, dont les quatre premiers actes se passent a Paris et durent un mois (il faut bien ce temps pour la séduction de Jacques Clément), et le dernier acte à Saint-Cloud. Cela m'intéresserait davantage, je l'avoue, que Clytemnestre ou Régulus faisant des tirades de quatre-vingts vers et de l'esprit *officiel*. La *tirade* est peut-être ce qu'il y a de plus *antiromantique* dans le système de Racine ; et s'il fallait absolument choisir, j'aimerais encore mieux voir conserver les deux unités que la *tirade*.

Vous me défiez, monsieur, de répondre a celle simple question : Qu'est-ce que la tragédie romantique ?

Je réponds hardiment : C'est la tragédie en prose qui dure plusieurs mois et se passe en des lieux divers.

Les poëtes qui ne peuvent pas comprendre ces sortes de discussions, fort difficiles, M. Viennel, par exemple, et les gens qui ne veulent pas comprendre, demandent à grands cris une idée claire. Or, il me semble que rien n'est plus clair que ceci : *Une tragédie romantique est écrite en prose, la succession des événements qu'elle présente aux yeux des spectateurs dure plusieurs mois, et ils se passent en des lieux différents.* Que le ciel nous envoie bientôt un homme à talent pour faire une telle tragédie ; qu'il nous donne la *Mort de Henri IV*, ou bien *Louis XIII au Pas-de-Suze*. Nous verrons le brillant Bassompierre dire à ce roi, vrai Français, si brave et si faible : « *Sire, les danseurs sont prêts ; quand Votre Majesté voudra, le bal commencera*[1]. » Notre histoire, ou plutôt nos mémoires historiques, car nous n'avons pas d'histoire, sont remplis de ces mots naïfs et charmants, et la tragédie romantique seule peut nous les rendre[2]. Savez-vous ce qui arriverait, de l'apparition de *Henri IV*, tragédie romantique dans le goût du *Richard III* de Shakspeare ? Tout le monde tomberait d'accord à l'instant sur ce que veut dire ce mot, *genre romantique* ; et bientôt, dans le genre classique, l'on ne pourrait plus jouer que les pièces de Corneille, de Racine, et de ce Voltaire qui trouva plus facile de faire du style tout à fait épique dans *Mahomet*, *Alzire*, etc., que de s'en tenir à la simplicité noble et souvent si touchante de Racine. En 1670. un duc et pair, attaché à la cour de Louis XIV, appelait son fils, en lui parlant, *monsieur le marquis,* et Racine eut une raison pour faire que Pylade appelle Oreste : *seigneur.* Aujourd'hui les pères tutoient leurs enfants ; ce serait être *classique* que d'imiter la dignité du dialogue de Pylade et d'Oreste. Aujourd'hui une telle amitié nous semble appeler le tutoiement. Mais si je n'ose vous expliquer ce que serait une tragédie romantique intitulée la *Mort de Henri IV,* en revanche, je puis vous dire librement ce que serait une *comédie romantique* en cinq actes, intitulée *Lanfranc ou le Poëte* ; ici je ne cours d'autre risque que de vous ennuyer.

LANFRANC OU LE POÈTE

Comédie en cinq actes.

Au premier acte, Lanfranc ou le Poëte va rue de Richelieu, et présente sa comédie nouvelle avec toute la simplicité du génie au comité du Théâtre-Français ; on voit que je suppose du génie à M. Lanfranc, je crains les applications. Sa comédie est éconduite, comme de juste, et même l'on se moque de lui. Qu'est-ce en effet à Paris, même en littérature, qu'un homme qui ne peut pas placer deux cents billets au jour de l'an ?

Au second acte, Lanfranc intrigue, car des amis inconsidérés lui ont donné le conseil d'intriguer ; il va voir, dès le matin, des gens puissants ; mais il intrigue avec toute la maladresse du génie ; il effraie par ses discours les gens considérables qu'il va solliciter.

Le résultat de ses visites dans le faubourg Saint-Germain est de se voir éconduit comme un fou dangereux, au moment où il s'imagine avoir séduit tous les cœurs de femmes par les grâces de son imagination, et conquis les hommes par la profondeur de ses aperçus.

Tant de tracas et de mécomptes, et, plus que tout, le mortel dégoût de passer sa vie avec des gens qui ne prisent au monde que l'argent et les cordons, font qu'au troisième acte il est tout disposé à jeter sa comédie au feu ; mais, tout en intriguant, il est devenu passionnément amoureux d'une jolie actrice des Français, qui le paye du plus tendre retour.

Les ridicules sans bornes ni mesure de l'homme de génie amoureux d'une Française remplissent le troisième acte et une partie du quatrième. C'est au milieu de ce quatrième acte que sa belle maîtresse vient à lui préférer un jeune Anglais, parent de sir John Bikerstaff[3], qui n'a que trois millions de rente. Lanfranc, pour se dépiquer une nuit qu'il est au désespoir, fait un pamphlet plein de verve et de feu sur les contrariétés et les ridicules qu'il a rencontrés depuis deux mois (le pamphlet est la comédie de l'époque). Mais cette verve et ce feu sont du *poison*, comme dit Paul-Louis Courier, et ce poison le conduit droit à Sainte-Pélagie.

Les premières craintes de l'accusation, la mine allongée des amis libéraux si hardis la veille, la saisie du pamphlet, le désespoir du libraire, père de sept enfants, la mise en jugement, le réquisitoire de M. le procureur du roi, le plaidoyer piquant de M. Mérilhou, les idées et propos plaisants des jeunes avocats présents à l'audience, les étranges choses que ces propos révèlent avant, pendant et après le jugement : voilà le cinquième acte, dont la dernière scène est l'écrou à Sainte-Pélagie pour un emprisonnement de quinze jours, suivi de la perte de tout espoir de voir à tout jamais la censure tolérer la représentation de ses comédies.

Eh bien ! d'après la saisie des *Tablettes romaines*[4], qui a eu lieu ce matin, croyez-vous que j'aurais pu esquisser avec ce détail la tragédie de la *Mort de Henri IV*, événement d'hier, qui ne compte guère que deux cent quatorze ans de date ? et ne me voyez-vous pas, pour prix de mon esquisse, débuter comme finit mon héros *Lanfranc* ?

Voilà ce que j'appelle une comédie romantique ; les événements durent trois mois et demi ; elle se passe en divers lieux de Paris, situés entre le Théâtre-Français et la rue de la Clef ; enfin, elle est en prose, en *vile prose*, entendez-vous.

Cette comédie de *Lanfranc ou le Poëte* est *romantique*, par une autre raison bien meilleure que toutes celles que je viens d'exposer, mais, il faut l'avouer, bien autrement difficile à saisir, tellement difficile, que j'hésite presque à vous la dire. Les gens d'esprit qui ont eu des succès par des tragédies en vers diront que je suis *obscur* ; ils ont leurs bonnes raisons pour ne pas entendre. Si l'on joue *Macbeth* en prose, que devient la gloire de *Sylla* ?

Lanfranc ou le Poëte est une comédie romantique, parce que les événements *ressemblent* à ce qui se passe tous les jours sous nos yeux. Les auteurs, les grands seigneurs, les juges, les avocats, les hommes de lettres de la trésorerie, les espions etc., qui parlent et agissent dans cette comédie, sont tels que nous les rencontrons tous les jours dans les salons ; pas plus affectés, pas plus *guindés* qu'ils ne le sont dans la nature, et certes c'est bien assez. Les personnages de la comédie classique au contraire, semblent affublés d'un double masque, d'abord l'effroyable affectation que nous sommes obligés de porter dans le monde, sous peine de ne pas atteindre à la considération, plus l'affectation de noblesse, encore plus ridicule, que le poëte leur prête de son chef en les traduisant en vers alexandrins.

Comparez les événements de la comédie intitulée *Lanfranc ou le Poëte* à la fable du même sujet traité par la muse classique ; car, dès le premier mot, vous avez deviné que ce n'est pas sans dessein que j'ai choisi le principal caractère d'une des comédies classiques les plus renommées ; comparez, dis-je, les actions de *Lanfranc* à celles du Damis de la *Métromanie*. Je n'ai garde de parler du style ravissant de ce chef-d'œuvre, et cela par une bonne raison ; la comédie de *Lanfranc ou le Poëte n'a pas de style*, et c'est, à mon avis, par là qu'elle brille, c'est le côté par où je l'estime. Ce serait en vain que vous y chercheriez une tirade brillante ; ce n'est qu'une fois ou deux dans les cinq actes qu'il arrive à un personnage de dire de suite plus de douze ou quinze lignes. Ce ne sont pas les paroles de

Lanfranc qui étonnent et font rire, ce sont ses actions inspirées par des motifs qui ne sont pas ceux du commun des hommes, et c'est pour cela qu'il est poëte, autrement, il serait un homme de lettres.

Est-il besoin d'ajouter que ce que je viens de dire de la comédie de *Lanfranc* ne prouve nullement qu'il y ait du talent ? Or, si cette pièce manque de feu et de génie, elle sera bien plus ennuyeuse qu'une comédie classique, qui, à défaut de plaisir dramatique, donne le plaisir d'*ouïr de beaux vers*. La comédie romantique sans talent, n'ayant pas de beaux vers pour éblouir le spectateur, ennuiera dès le premier jour. Nous voici revenus par un autre chemin à cette vérité de si mauvais goût, disent les gens d'Académie, ou qui y prétendent ; *Le vers alexandrin n'est souvent qu'un cache-sottise*[5].

Mais, le talent supposé, si les détails de la comédie de *Lanfranc* sont vrais, s'il y a du feu, si le style ne se fait jamais remarquer et ressemble à notre parler de tous les jours, je dis que cette comédie répond aux exigences actuelles de la société française.

Molière, dans le *Misanthrope*, a cent fois plus de génie que qui que ce soit ; mais Alceste n'osant pas dire au marquis Oronte que son sonnet est mauvais, dans un siècle où le *Miroir* critique librement le *Voyage à Coblentz*, présente à ce géant si redoutable, et pourtant si Cassandre, nommé Public, précisément le portrait détaillé d'une chose qu'il n'a jamais vue et qu'il ne verra plus.

Après avoir entrevu cette comédie de *Lanfranc ou le Poëte*, que, pour établir mon raisonnement, je suis forcé de supposer aussi bonne que les *Proverbes* de M. Théodore Leclercq, et qui peint si bien nos actrices, nos grands seigneurs, nos juges, nos amis libéraux, Sainte-Pélagie, etc., etc., etc., en un mot, la société telle qu'elle vit et se meut en 1824, daignez, monsieur, relire la *Métromanie*, le rôle de Francaleu, celui du capitoul, etc. ; si, après vous être donné le plaisir de revoir ces jolis vers, vous déclarez que vous préférez Damis à Lanfranc, que puis-je répondre à un tel mot ? Il est des choses qu'on ne prouve pas. Un homme va voir la *Transfiguration* de Raphaël au Musée[6]. Il se tourne vers moi, et, d'un air fâché : « Je ne vois pas, dit-il, ce que ce tableau vanté a de si sublime. — À propos, lui dis-je, savez-vous ce que la rente a fait hier soir fin courant ? » Car il me semble que, lorsqu'on rencontre des gens tellement différents de nous, il y a péril à engager la discussion. Ce n'est point orgueil, mais crainte de l'ennui. À Philadelphie, vis-à-vis la maison habitée jadis par Franklin, un nègre et un blanc eurent un jour une dispute fort vive sur la vérité du coloris du Titien. Lequel avait raison ? En vérité, je l'ignore ; mais ce que je sais, c'est que l'homme qui ne goûte pas Raphaël et moi sommes deux êtres d'espèces différentes il ne peut y avoir rien de commun entre nous. À ce fait, je ne vois pas le plus petit mot à ajouter.

Un homme vient de lire *Iphigénie en Aulide* de Racine et le *Guillaume Tell* de Schiller ; il me jure qu'il aime mieux les gasconnades d'Achille que le caractère *antique* et vraiment grand de Tell. À quoi bon discuter avec un tel homme ? Je lui demande quel âge a son fils, et je calcule à part moi à quelle époque ce fils paraîtra dans le monde et fera l'opinion.

Si j'étais assez dupe pour dire à ce brave homme : Monsieur, mettez-vous en expérience, daignez voir jouer une seule fois le *Guillaume Tell* de Schiller, il saurait bien me répondre comme le vrai classique des *Débats* : Non-seulement je ne verrai jamais jouer cette rapsodie tudesque et je ne la lirai pas, mais encore, par mon crédit, j'empêcherai bien qu'on ne la joue[7].

Eh bien ! ce classique des *Débats,* qui veut combattre une idée avec une baïonnette, n'est pas si ridicule qu'il le paraît. À l'insu de la plupart des hommes, l'habitude exerce un pouvoir despotique sur leur imagination. Je pourrais citer un grand prince, fort instruit d'ailleurs, et que l'on devrait croire parfaitement à l'abri des illusions de la sensibilité ; ce roi ne peut souffrir dans son conseil la présence d'un homme de mérite, si cet homme porte des cheveux sans poudre[8]. Une tête sans poudre lui rappelle les images sanglantes de la Révolution française, premiers objets qui frappèrent son imagination royale, il y a trente-un ans. Un homme à cheveux coupés, comme nous, pourrait soumettre à ce prince des projets conçus avec la profondeur de Richelieu ou la prudence de Kaunitz, que, pendant tout le temps de sa lecture, le prince n'aurait d'attention que pour la coiffure repoussante du ministre. Je vois un trésor de tolérance littéraire dans ce mot : l'habitude exerce un pouvoir despotique sur l'imagination des hommes même les plus éclairés, et, par leur imagination, sur les plaisirs que les arts peuvent leur donner. Où trouver le secret d'éloigner de telles répugnances de l'esprit de ces Français aimables qui brillèrent à la cour de Louis XVI, que M. de Ségur fait revivre dans ses charmants souvenirs, et dont le *Masque de Fer* peint en ces mots les idées d'élégance :

« Autrefois, me disais-je, c'est-à-dire en 1786, si j'avais dû aller à la Chambre, et que, voulant faire un peu d'exercice pour ma santé, j'eusse quitté ma voiture au pont Tournant pour la reprendre au pont Royal, mon costume seul m'eût recommandé au respect du public. J'eusse été vêtu de ce que nous appelions si ridiculement un habit *habillé*. Cet habit eût été de velours ou de satin en hiver, de taffetas en été ; il eût été brodé et enrichi de mes ordres. J'aurais eu, quelque vent qu'il pût faire, mon chapeau à plumet sous le bras. J'aurais eu un toupet carré, à cinq pointes dessinées sur le front ; j'aurais été poudré à frimas, avec de la poudre blanche par-dessus de la poudre grise ; deux rangs de boucles eussent, de chaque côté, relevé ma coiffure et, par derrière, ils eussent fait place à une belle bourse de taffetas noir. Je conviens avec Votre Altesse que cette coiffure n'est pas primitive, mais elle est éminemment aristocratique, et, par conséquent, sociale. Quelque froid qu'il fît, par le vent de bise et la gelée, j'eusse traversé les Tuileries en bas de soie blancs avec des souliers de peau de chèvre. Une petite épée ornée d'un nœud de rubans et d'une dragonne, parce que j'étais colonel à dix-huit ans, m'eût battu dans les jambes, et j'aurais caché mes mains, ornées de manchettes de longues dentelles, dans un gros manchon de renard bleu. Une légère douillette de taffetas, simplement jetée sur ma personne, aurait eu l'air de me défendre du froid, et je l'aurais cru moi-même[9]. »

Je crains bien qu'en fait de musique, de peinture, de tragédie, ces Français-là et nous, nous ne soyons à jamais inintelligibles les uns pour les autres.

Il y a des classiques qui, ne sachant pas le grec, s'enferment au verrou pour lire Homère en français, et même en français ils trouvent sublime ce grand peintre des temps sauvages. En tête des dialogues si vrais et si passionnés qui forment la partie la plus entraînante des poésies d'Homère, imprimez le mot TRAGÉDIE, et à l'instant ces dialogues, qu'ils admiraient comme de la poésie épique, les choqueront et leur déplairont mortellement comme tragédie. Cette répugnance est absurde, mais ils n'en sont pas les maîtres ; mais ils la sentent, mais elle est évidente pour eux, aussi évidente que les larmes que nous font verser *Roméo et Juliette* le sont pour nous. Je conçois que, pour ces littérateurs estimables, le romantisme soit une insolence. Ils ont eu l'unanimité pendant quarante ans de leur vie, et vous les avertissez que bientôt ils vont se trouver seuls de leur avis.

Si la tragédie en prose était nécessaire aux besoins physiques des hommes, on pourrait entreprendre de leur démontrer son utilité ; mais comment prouver à quelqu'un qu'une chose qui lui donne un sentiment de répugnance invincible peut et doit lui faire plaisir ?

Je respecte infiniment ces sortes de *Classiques,* et je les plains d'être nés dans un siècle où les fils ressemblent si peu à leurs pères. Quel changement de 1785 à 1824 ! Depuis deux mille ans que nous savons l'histoire du monde, une révolution aussi brusque dans les habitudes, les idées, les croyances, n'est peut-être jamais arrivée. Un des amis de ma famille, auquel j'étais allé rendre mes devoirs dans sa terre, disait à son fils : « Que signifient vos sollicitations éternelles et vos plaintes amères contre M. le ministre de la guerre ? Vous voilà déjà lieutenant de cavalerie à trente-deux ans ; savez-vous bien que je n'ai été fait capitaine qu'à cinquante ? »

Le fils était rouge de colère, et pourtant le père disait un mot qui pour lui était de la dernière évidence : comment mettre d'accord ce père et ce fils ?

Comment persuader à un homme de lettres de cinquante ans qui trouve brillant de naturel le rôle de Zamore dans *Alzire,* que le *Macbeth* de Shakspeare est un des chefs-d'œuvre de l'esprit humain ? Je disais un jour à un de ces messieurs : Vingt-huit millions d'hommes, savoir : dix-huit millions en Angleterre, et dix millions en Amérique, admirent *Macbeth* et l'applaudissent cent fois par an. — Les Anglais, me répondit-il d'un grand sang-froid, ne peuvent avoir de véritable éloquence, ni de poésie vraiment admirable ; la nature de leur langue, non dérivée du latin, s'y oppose d'une manière invincible. Que dire à un tel homme, qui d'ailleurs est de très-bonne foi ? Nous sommes toujours au même point, comment *prouver* à quelqu'un que la Transfiguration est admirable ?

Molière était romantique en 1670, car la cour était peuplée d'Orontes, et les châteaux de province d'Alcestes fort mécontents. À le bien prendre, TOUS LES GRANDS ÉCRIVAINS ONT ÉTÉ ROMANTIQUES DE LEUR TEMPS. C'est, un siècle après leur mort, les gens qui les copient au lieu d'ouvrir les yeux et d'imiter la nature, qui sont classiques[10].

Êtes-vous curieux d'observer l'effet que produit à la scène cette circonstance de *ressembler à la nature* ajoutée à un chef-d'œuvre ? Voyez le vol que prend depuis quatre ans le succès du *Tartuffe*. Sous le Consulat et dans les premières années de l'Empire, le *Tartuffe* ne ressemblait à rien comme le *Misanthrope,* ce qui n'empêchait pas les Laharpe, les Lemercier, les Auger et autres grands critiques de s'écrier : *Tableau de tous les temps comme de tous les lieux*, etc., et les provinciaux d'applaudir.

Le comble de l'absurde et du *classicisme,* c'est de voir des habits galonnés dans la plupart de nos comédies modernes. Les auteurs ont grandement raison ; la fausseté de l'habit prépare à la fausseté du dialogue et comme le vers alexandrin est fort commode pour le prétendu poëte vide d'idées, l'habit galonné ne l'est pas moins pour le maintien embarrassé et les grâces de convention du pauvre comédien sans talent.

Monrose joue bien les Crispins, mais qui a jamais vu de Crispin ?

Perlet[11], le seul Perlet, nous peignait au naturel les ridicules de notre société actuelle ; on voyait en lui, par exemple, la *tristesse* de nos jeunes gens qui, au sortir du collège, commencent si spirituellement la vie par le sérieux de quarante ans. Qu'est-il arrivé ? Perlet n'a pas voulu, un soir, imiter la bassesse des histrions de 1780, et, pour avoir été un Français de 1824, tous les théâtres de Paris lui sont fermés.

J'ai l'honneur, etc.
S.

---

1. ↑ Tout le monde sait que Louis XIII, ayant eu un moment de jalousie contre son frère le duc d'Orléans Gaston, qu'il avait envoyé commander son armée d'Italie y courut lui-même et força le Pas-de-Suze (1629). Le danger fut vif et le fils de Henri IV fit preuve de mépris pour le danger. Jamais l'impétuosité française ne parut se montrer dans un plus beau jour. Ce qu'il y a de caractéristique dans cette action brillante, c'est t'absence totale d'emphase tragique et triste, avant l'attaque. Le succès n'était rien moins que certain ; il s'agissait d'enlever de vive force des batteries bien palissadées, qui barraient entièrement l'étroite vallée qui, du mont Cenis, descend a Suze. Il fallait passer là ou s'en retourner en France. Dans un moment aussi décisif, des Allemands ou des Anglais n'auraient pas manqué de parler de Dieu et d'être tristes, songeant à la mort et peut-être à l'enfer. Ce qui me plaît à moi, chez mes compatriotes, c'est l'absence de cette emphase.

    Supposons maintenant qu'un poëte ait le mauvais goût de vouloir nous donner une image de Louis XIII, du cardinal de Richelieu et des Français de leur temps, négligeant ainsi pour des modernes Numa, Sésostris,

Thésée ou tel autre héros fort connu et encore plus intéressant ; je dis que tout cela est impossible en vers alexandrins. Toutes les nuances du caractère disparaîtraient sous l'emphase obligée du vers alexandrin.

Remarquons, en passant, qu'il n'y a rien de moins emphatique et de plus naïf que le vrai caractère français.

Voici les faits. Au moment de l'attaque du Pas-de-Suze, attaque téméraire et d'un succès fort douteux, le maréchal de Bassompierre, ayant disposé les colonnes d'attaque, vint prendre le mot d'ordre du roi ; voici le dialogue :

« Je m'approchai du roi (qui était fort en avant des colonnes) et lui dis : Sire, l'assemblée est prête, les violons sont entrés et les masques sont à la porte ; quand il plaira à votre majesté, nous donnerons le ballet. — Il s'approcha de moi et me dit en colère : Savez-vous bien que nous n'avons que cinq cents livres de plomb dans le parc d'artillerie ? — Je lui dis : Il est bien temps de penser à cela maintenant ! faut-il que pour un des masques qui n'est pas prêt le ballet ne se danse pas ? laissez-nous faire, sire, et tout ira bien. — M'en répondez-vous ? me dit-il. — Ce serait témérairement fait à moi, lui répondis-je, de cautionner une chose si douteuse : bien vous réponds-je que nous en viendrons à bout à notre honneur, ou j'y serai mort ou pris. — Alors le cardinal lui dit : Sire, à la mine de M. le maréchal, j'en augure tout bien, soyez-en assuré. Sur ce, je mis pied à terre et donnai le signal du combat qui fut fort et rude, et qui est assez célèbre. * »

Voilà le caractère français, voilà le ton de notre histoire. Jamais vous ne rendrez cela en vers alexandrins. Vous ferez débiter une belle tirade, pleine de sens, au maréchal de Bassompierre ; une autre tirade, pleine de haute politique, à Louis XIII ; un demi-vers, plein de caractère, au fameux cardinal ; tout cela sera fort beau, si vous voulez, mais ce ne sera pas de l'histoire de France.

La naïveté gasconne brille dans toute l'histoire de Henri IV, si inconnue de nos jours. C'est dans les moments de grand péril que la plaisanterie française aime à se montrer. Le Français, quand il est dans la fumée des mousquetades, se croit le droit de plaisanter avec son maître ; par une telle familiarité, il montre son rang distingué, et va ensuite se faire tuer tout content.

Il est plaisant, peut-être, que nous ayons choisi un masque qui cache précisément ce trait le plus national et peut-être le plus aimable de notre caractère. L'emphase de l'alexandrin convient à des protestants, à des Anglais, même un peu aux Romains mais non, certes, aux compagnons de Henri IV et de François Ier. (*Note de l'édition de 1854.*)

↑ *Mémoires* de Bassompierre, 3e partie, page 192, édition Foucauld.

2. ↑ Cherchez dans le second volume des *Chroniques* de Froissart, publiées par M. Buchon, la narration du siége de Calais par Édouard III, et le dévouement d'Eustache de Saint-Pierre ; lisez immédiatement après le *Siège de Calais*, tragédie de du Belloy : et si le ciel vous a donné quelque délicatesse d'âme, vous désirerez passionnément comme moi la *tragédie nationale en prose*. Si la Pandore n'avait pas gâté ce mot, je dirais que ce sera un genre éminemment *français*, car aucun peuple n'a sur son *moyen âge* des Mémoires piquants comme les nôtres. Il ne faut imiter de Shakspeare que l'*art*, que la manière de peindre, et non pas les objets à peindre.
3. ↑ Personnage du *Pamphlet des Pamphlets* de Paul-Louis Courier. N. D. L. É.
4. ↑ Violent pamphlet de J.-H. de Santo Domingo, paru en février 1824. N. D. L. É.
5. ↑ Les vers anglais ou italiens peuvent tout dire, et ne font pas obstacle aux beautés dramatiques.
6. ↑ Elle y reviendra. (Ce tableau entré en France à la suite du traité de Tolentino, fut rendu au Pape en 1815. N. D. L. É.)
7. ↑ Historique.
8. ↑ Il s'agit de Ferdinand, roi des Deux-Siciles. Cf. *Rome Naples et Florence*, édition du Divan, tome II, p. 213. N. D. L. É.
9. ↑ Le *Masque de Fer*, page 150.
10. ↑ Virgile, le Tasse, Térence, sont peut-être les seuls grands poëtes *classiques*. Encore, sous une forme classique et copiée d'Homère, à chaque instant le Tasse met-il les sentiments tendres et chevaleresques de son siècle. À la renaissance des lettres, après la barbarie des neuvième et dixième siècles, Virgile était tellement supérieur au poëme de l'abbé Abbon sur le *siége de Paris par les Normands*, que, pour peu qu'on eût de sensibilité, il n'y avait pas moyen de n'être pas *classique*, et de ne pas préférer Turnus à Hérivée. À l'instar des choses qui nous semblent les plus odieuses maintenant : la féodalité, les moines, etc., le *classicisme* a eu son moment où il était utile et naturel. Mais aujourd'hui (15 février,

jour de mardi-gras), n'est-il pas ridicule que pour me faire rire on n'ait pas d'autre *farce* que *Pourceaugnac*, composé il a y cent cinquante ans ?
11. ↑ Monrose, sociétaire du Théâtre-Français ; Perlet, acteur du Gymnase dramatique. N. D. L. É.

LETTRE III

Le Romantique au Classique.

Le 26 avril à midi.

Monsieur,

V OTRE inexorable sagacité me fait peur. Je reprends la plume deux heures après vous avoir écrit ; aujourd'hui que la petite poste va si vite, je tremble de voir arriver votre réponse. La justesse admirable de votre esprit va m'attaquer, j'en suis sûr, par une petite porte que j'ai laissée entr'ouverte à la critique. Hélas ! mon intention était louable, je voulais être bref.

Le romantisme appliqué à celui des plaisirs de l'esprit, à l'égard duquel a lieu la véritable bataille entre les classiques et les romantiques, entre Racine et Shakspeare, c'est une tragédie en prose qui dure depuis plusieurs mois et dont les événements se passent en des lieux divers. Il peut cependant y avoir telle tragédie romantique dont les événements soient resserrés, par le hasard, dans l'enceinte d'un palais et dans une durée de trente-six heures. Si les divers incidents de cette tragédie ressemblent à ceux que l'histoire nous dévoile, si le langage, au lieu d'être épique et officiel, est simple, vif, brillant de naturel, sans tirades ; ce n'est pas le cas, assurément fort rare, qui aura placé les événements de cette tragédie dans un palais, et dans l'espace de temps indiqué par l'abbé d'Aubignac, qui l'empêchera d'être romantique, c'est-à-dire d'offrir au public les impressions dont il a besoin, et par conséquent d'enlever les suffrages des gens qui pensent par eux-mêmes. La *Tempête* de Shakspeare, toute médiocre qu'elle soit, n'en est pas moins une pièce romantique quoiqu'elle ne dure que quelques heures, et que les incidents dont elle se compose aient lieu dans le voisinage immédiat et dans l'enceinte d'une petite île de la Méditerranée.

Vous combattez mes théories, monsieur, en rappelant le succès de plusieurs tragédies imitées de Racine (*Clytemnestre*, le *Paria*, etc.), c'est-à-dire remplissant aujourd'hui, et avec plus ou moins de gaucherie, les conditions que le goût des marquis de 1670 et le ton de la cour de Louis XIV imposaient à Racine. Je réponds : Telle est la puissance de l'art dramatique sur le cœur humain, que, quelle que soit l'absurdité des règles auxquelles les pauvres poëtes sont obligés de se soumettre, cet art plaît encore. Si Aristote ou l'abbé d'Aubignac avaient imposé à la tragédie française la règle de ne faire parler ses personnages que par monosyllabes, si tout mot qui a plus d'une syllabe était banni du théâtre français et du style poétique, avec la même sévérité que le mot *pislolet* par exemple ; eh bien ! malgré cette règle absurde, les tragédies faites par des hommes de génie plairaient encore. Pourquoi ? C'est qu'en dépit de la règle du monosyllabe, pas plus étonnante que tant d'autres, l'homme de génie aurait trouvé le secret d'accumuler dans sa pièce une richesse de pensées, une abondance de sentiments qui nous saisissent d'abord : la sottise de la règle lui aura fait sacrifier plusieurs répliques touchantes, plusieurs sentiments d'un effet sûr ; mais peu importe au succès de sa tragédie *tant que la règle subsiste*. C'est au moment où elle tombe enfin sous les coups tardifs que lui porte le bon sens, que l'ancien poëte court un vrai danger. *Avec beaucoup moins de talent*, ses successeurs pourront, dans le même sujet, faire mieux que lui ? Pourquoi ? C'est qu'ils oseront se servir de ce mot propre, unique, nécessaire, *indispensable* pour faire voir telle émotion de l'âme, ou pour raconter tel incident de l'intrigue. Comment voulez-vous qu'Othello, par exemple, ne prononce pas le mot ignoble *mouchoir*, lorsqu'il tue la femme qu'il adore, uniquement parce qu'elle a laissé enlever par son rival Cassio le mouchoir fatal qu'il lui avait donné aux premiers temps de leurs amours ?

 Si l'abbé d'Aubignac avait établi que les acteurs dans la *comédie* ne doivent marcher qu'à cloche-pied, la comédie des *Fausses confidences* de Marivaux, jouée par mademoiselle Mars, nous toucherait encore malgré cette idée bizarre. C'est que nous ne verrions pas l'idée bizarre[1]. Nos grands-pères étaient attendris par l'Oreste d'*Andromaque,* joué avec une grande perruque poudrée, et en bas rouges avec des souliers à rosette de rubans couleur de feu.

Toute absurdité dont l'imagination d'un peuple a pris l'habitude n'est plus une absurdité pour lui, et ne nuit presque en rien aux plaisirs du gros de ce peuple, jusqu'au moment fatal où quelque indiscret vient lui dire : « Ce que vous admirez est absurde. » À ce mot, beaucoup de gens sincères avec eux-mêmes, et qui croyaient leur âme fermée à la poésie, respirent ; pour la trop aimer, ils croyaient ne pas l'aimer. C'est ainsi qu'un jeune homme à qui le ciel a donné quelque délicatesse d'âme, si le hasard le fait sous-lieutenant et le jette à sa garnison, dans la société de certaines femmes, croit de bonne foi, en voyant les succès de ses camarades et le genre de leurs plaisirs, être insensible à l'amour. Un jour enfin le hasard le présente à une femme simple, naturelle, honnête, digne d'être aimée, et il sent qu'il a un cœur.

Beaucoup de gens âgés sont classiques de bonne foi : d'abord ils ne comprennent pas le mot *Romantique ;* tout ce qui est lugubre et niais, comme la séduction d'Éloa par Satan, ils le croient romantique sur la foi des *poëtes-associés* des bonnes-lettres. Les contemporains de Laharpe admirent le ton lugubre et lent que Talma porte encore trop souvent dans la tirade ; ce chant lamentable et monotone, ils l'appellent la perfection du tragique français[2]. Ils disent, et c'est un pauvre argument : « L'introduction de la prose dans la tragédie, la permission de durer plusieurs mois et de s'écarter à quelques lieues, est inutile à nos plaisirs ; car l'on a fait et l'on fait encore des chefs-d'œuvre fort touchants en suivant avec scrupule les règles de l'abbé d'Aubignac. » Nous répondons : « Nos tragédies seraient plus touchantes, elles traiteraient une foule de grands sujets nationaux auxquels Voltaire et Racine ont été forcés de renoncer. » L'art changera de face dès qu'il sera permis de changer le lieu de la scène, et, par exemple, dans la tragédie de la *Mort de Henri III*, d'aller de Paris à Saint-Cloud.

À présent que je me suis expliqué fort au long, il me semble que je puis dire avec l'espoir d'être compris de tout le monde et l'assurance de n'être pas travesti même par le *célèbre* M. Villemain[3] : « Le Romantisme appliqué au genre tragique, C'EST UNE TRAGÉDIE EN PROSE QUI DURE PLUSIEURS MOIS ET SE PASSE EN DIVERS LIEUX. »

Lorsque les Romains construisirent ces monuments qui nous frappent encore d'admiration après tant de siècles (l'arc de triomphe de Septime-Sévère, l'arc de triomphe de Constantin, l'arc de Titus, etc.), ils représentèrent sur les faces de ces arcs célèbres des soldats armés de casques, de boucliers, d'épées ; rien de plus simple, c'étaient les armes avec lesquelles leurs soldats venaient de vaincre les Germains, les Parthes, les Juifs, etc.

Lorsque Louis XIV se fit élever l'arc de triomphe connu sous le nom de *Porte Saint-Martin*, on plaça dans un bas-relief, qui est sur la face du nord, des soldats français attaquant les murs d'une ville ; ils sont armés de casques et de boucliers, et couverts de la cotte d'armes. Or, je le demande, les soldats de Turenne et du grand Condé, qui gagnaient les batailles de Louis XIV, étaient-ils armés de boucliers ? À quoi sert un bouclier contre un boulet de canon ? Turenne est-il mort par un javelot ?

Les artistes romains furent *Romantiques* ; ils représentèrent ce qui, de leur temps, était vrai, et par conséquent touchant pour leurs compatriotes.

Les sculpteurs de Louis XIV ont été *Classiques* ; ils ont placé dans les bas-reliefs de leur arc de triomphe, bien digne de l'ignoble nom de *Porte Saint-Martin,* des figures qui ne ressemblaient à rien de ce qu'on voyait de leur temps.

Je le demande aux jeunes gens qui n'ont pas encore fait leur tragédie reçue aux Français, et qui partant mettent de la bonne foi dans cette discussion frivole, après un exemple aussi clair, aussi palpable, aussi aisé à vérifier un jour que vous allez voir *Mazurier*[4], pourra-t-on dire aux romantiques qu'ils ne savent pas s'expliquer, qu'ils ne donnent pas une idée nette et claire de ce que c'est dans les arts qu'être romantique ou classique ? Je ne demande pas, monsieur, que l'on dise que mon idée est juste, mais je désire qu'on veuille bien avouer que, bonne ou mauvaise, on la comprend.

Je suis, etc.

1. ↑ Tout ridicule inaperçu n'existe pas dans les arts.
2. ↑ *Journal des Débats* du 11 mai 1824.
3. ↑ *Journal des Débats* du 30 mars 1828.
4. ↑ Fameux équilibriste du temps. N. D. L. É.

LETTRE IV

Le Classique au Romantique.

Paris, le 27 avril à midi.

V oici bientôt soixante ans, monsieur, que j'admire *Mérope, Zaïre, Iphigénie, Sémiramis, Alzire,* et je ne puis pas vous promettre en conscience de siffler jamais ces chefs-d'œuvre de l'esprit humain. Je n'en suis pas moins très disposé à applaudir les tragédies en prose que doit nous apporter le messie romantique ; mais qu'il paraisse enfin ce messie. *Faites,* monsieur, *faites.* Ce ne sont plus des paroles toujours obscures aux yeux du peuple des littérateurs, ce sont des actions qu'il faut à votre parti. Faites-en donc, monsieur, *et voyons cette affaire.*

En attendant, et je crois que j'attendrai longtemps, recevez l'assurance des sentiments les plus distingués, etc., etc.

Le C. N.[1]

1. ↑ Cette correspondance a réellement existé : seulement je parlais à demi-mot à un homme de bonne foi. Je suis obligé de tout expliquer en envoyant mes lettres à l'impression. MM. Auger, Feletz, Villemain, me prêteraient de belles absurdités.

LETTRE V

Le Romantique au Classique.

Paris, le 28 avril 1824.

Hé ! monsieur, qui a jamais parlé de siffler Voltaire, Racine, Molière, génies immortels dont notre pauvre France ne verra peut-être pas les égaux d'ici à huit ou dix siècles ? Qui même a jamais osé concevoir la folle espérance d'égaler ces grands hommes ? Ils s'élançaient dans la carrière chargés de fers, et ils les portaient avec tant de grâce, que des pédants sont parvenus à persuader aux Français que de pesantes chaînes sont un ornement indispensable dès qu'il s'agit de courir.

Voilà toute la question. Comme depuis cent cinquante ans nous attendons en vain un génie égal à Racine, nous demandons à un public qui aime à voir courir dans l'arène de souffrir qu'on y paraisse sans chaînes pesantes. Plusieurs jeunes poëtes d'un talent fort remarquable, quoique bien éloignés encore de la *force* étonnante qui brille dans les chefs-d'œuvre de Molière, de Corneille, de Racine, pourront alors nous donner des ouvrages agréables.

Continuez-vous à leur imposer l'armure gênante portée jadis avec tant de grâce par Racine et Voltaire ? Ils continueront à vous donner des pièces *bien faites*, comme *Clytemnestre, Louis IX, Jeanne d'Arc*[1], le *Paria*, qui ont succédé sous nos yeux à la *Mort d'Hector* de Luce de Lancival, à l'*Omasis* de Baour-Lormian, à la *Mort de Henri IV* de Legouvé, chefs-d'œuvres auxquels *Clytemnestre* et *Germanicus*[2] iront tenir fidèle compagnie, dès que les auteurs de ces tragédies ne seront plus là pour les soutenir dans les salons par leur amabilité, et dans les journaux par des articles amis.

Je ne fais aucun doute que ma tragédie favorite de la *Mort de Henri III*, par exemple, ne reste à jamais fort inférieure à *Britannicus* et aux *Horaces*. Le public trouvera dans *Henri III* beaucoup moins, infiniment moins de talent, et beaucoup plus, infiniment plus d'intérêt et de plaisir dramatique. Si Britannicus agissait dans le monde comme dans la tragédie de Racine, une fois dépouillé du charme des beaux vers qui peignent ses sentiments, il nous paraîtrait un peu niais et un peu plat.

Racine ne pouvait traiter la *mort de Henri III*. La chaîne pesante nommée *unité de lieu* lui interdisait à jamais ce grand tableau héroïque et enflammé comme les passions du moyen âge et cependant si près de nous qui sommes si froids. C'est une bonne fortune pour nos jeunes poëtes. Si des hommes tels que Corneille et Racine avaient travaillé pour les exigences du public de 1824, avec sa méfiance de toutes choses, sa complète absence de croyances et de passions, son habitude du mensonge, sa peur de se compromettre, la tristesse morne de la jeunesse, etc., etc., la tragédie serait impossible à faire pour un siècle ou deux. Dotée des chefs-d'œuvre des grands hommes contemporains de Louis XIV, jamais la France ne pourra les oublier. Je suis persuadé que la muse classique occupera toujours le Théâtre-Français quatre fois par semaine. Tout ce que nous demandons, c'est que l'on veuille bien permettre à la tragédie en prose de nous entretenir cinq ou six fois par mois des grandes actions de nos du Guesclin, de nos Montmorency, de nos Bayard. J'aimerais à voir, je l'avoue, sur la scène française, la *mort du duc de Guise à Blois*, ou *Jeanne d'Arc et les Anglais*, ou l'*assassinat du pont de Montereau* ; ces grands et funestes tableaux, extraits de nos annales, feraient vibrer une corde sensible dans tous les cœurs français, et, suivant les romantiques, les intéresseraient plus que les malheurs d'*Œdipe*.

En parlant de théâtre, monsieur, vous me dites : FAITES, et vous oubliez la censure. Est-ce là de la justice, monsieur le Classique ? est-ce de la bonne foi ? Si je faisais une comédie romantique comme *Pinto*, et ressemblant à ce que nous voyons dans le monde, d'abord MM. les censeurs l'arrêteraient ; en second lieu, les élèves *libéraux* des grandes écoles de droit et de médecine la siffleraient. Car ces jeunes gens prennent leurs opinions toutes faites dans le *Constitutionnel*, le *Courrier français*, la *Pandore*, etc. Or, que deviendraient les divers chefs-d'œuvre de MM. Jouy, Dupaty, Arnault, Étienne, Gosse, etc., rédacteurs de ces journaux, et rédacteurs habiles, si Talma avait jamais la permission de jouer *Macbeth* en prose, traduit de Shakspeare et abrégé d'un tiers ? C'est dans cette crainte que ces messieurs ont fait siffler les acteurs anglais. J'ai un remède contre le premier mal, la *censure*, et je vais bientôt vous le dire. Je ne vois de remède contre le mauvais goût des écoliers que les pamphlets contre Laharpe, et j'en fais.

DE LA CENSURE

Tous les poëtes comiques à qui l'on dit : *Faites*, s'écrient : « Dès que nous présentons dans nos drames des détails vrais, la censure nous arrête tout court ; voyez les coups de canne donnés au roi qui n'ont pas pu passer dans le *Cid d'Andalousie*[3]. » Je réponds : « Cette raison n'est pas si bonne qu'elle le paraît, vous présentez aux censeurs des *Princesses des Ursins*, des *Intrigues de cour*[4], etc., comédies fort piquantes, dans lesquelles, avec le tact et l'esprit de Voltaire, vous vous moquez des ridicules des cours. Pourquoi vous attaquer uniquement aux ridicules des cours ? L'entreprise peut être bonne et méritoire, politiquement parlant ; mais je prétends que, littérairement parlant, elle ne vaut rien du tout. Que l'on vienne nous dire dans le salon où nous rions et plaisantons avec des femmes aimables que le feu est à la maison, à l'instant nous n'aurons plus cette attention légère qu'il faut pour les bons mots et les plaisirs de l'esprit. Tel est l'effet produit par toute idée politique dans un ouvrage de littérature ; c'est un coup de pistolet au milieu d'un concert. »

La moindre allusion politique fait disparaître l'aptitude à tous ces plaisirs délicats qui sont l'objet des efforts du poëte. Cette vérité est prouvée par l'histoire de la littérature anglaise ; et remarquez que l'état où nous sommes dure en Angleterre depuis la restauration de 1660. On a vu, chez nos voisins, les hommes du plus grand talent frapper de mort des ouvrages fort agréables, en y introduisant des allusions aux intérêts passagers et âpres de la politique du moment. Pour comprendre Swift, il faut un commentaire pénible, et personne ne se donne la peine de lire ce commentaire. L'effet somnifère de la politique mêlée à la littérature est un axiome en Angleterre. Aussi voyez-vous que Walter-Scott, tout ultra qu'il est, et tenant à Édimbourg la place de M. de Marchangy à Paris, n'a garde de mettre de la politique dans ses romans ; il redouterait pour eux le sort de la *Gaule poétique.*

Dès que vous introduisez la politique dans un ouvrage littéraire, l'*odieux* paraît et avec l'*odieux* la *haine impuissante.* Or, dès que votre cœur est en proie à la haine impuissante, cette fatale maladie du dix-neuvième siècle, vous n'avez plus assez de gaieté pour rire de quoi que ce soit. Il s'agit bien de plaisanter ! diriez-vous avec indignation à l'homme qui voudrait vous faire rire[5]. Les journaux, témoins de ce qui s'est passé aux élections de 1824, s'écrient à l'envi : « Quel beau sujet de comédie que l'*Éligible !*[6] » Eh ! non, messieurs, il ne vaut rien : il y aura un rôle de préfet qui ne me fera point rire du tout, quelque esprit que vous y mettiez ; voyez le roman intitulé *Monsieur le Préfet*[2] ; quoi de plus vrai ! mais quoi de plus triste ! Walter Scott a évité la haine impuissante dans *Waverley* en peignant des feux qui ne sont plus que de la cendre.

Pourquoi tenter dans votre art, messieurs les poëtes comiques, précisément la seule chose qui soit impossible ? Seriez-vous comme ces faux braves des cafés de province, qui ne sont jamais si terribles que lorsqu'ils parlent bataille à table avec leurs amis, et que tout le monde les admire ?

Depuis que M. de Chateaubriand a défendu la religion comme *jolie*, d'autres hommes, avec plus de succès, ont défendu les rois comme utiles au bonheur des peuples, comme nécessaires dans notre état de civilisation : le Français ne passe pas sa vie au forum comme le Grec ou le Romain, il regarde même le jury comme une corvée, etc. Par ce genre de défense, les rois ont été faits hommes ; ils sont aimés, mais non plus adorés. Madame du Hausset nous apprend que leurs maîtresses se moquent d'eux comme les nôtres de nous ; et M. le duc de Choiseul, premier ministre, fait avec M. de Praslin un certain pari que je ne puis raconter.

Du jour que les rois n'ont plus été regardés comme des êtres *envoyés d'en haut,* tels que Philippe II et Louis XIV ; du jour qu'un insolent a prouvé qu'ils étaient *utiles,* leur mérite a été sujet à discussion et la comédie a dû abandonner pour toujours les plaisanteries sur les courtisans. Les ministères se gagnent à la tribune des chambres et non plus à l'*Œil-de-Bœuf* : et vous voulez que les rois tolèrent la plaisanterie contre leurs pauvres cours déjà si dépeuplées ? En vérité, cela n'est pas raisonnable. Le leur conseilleriez-vous si vous étiez ministre de la police ? La première loi de tout individu, qu'il soit loup ou mouton, n'est-elle pas de se conserver ? Toute plaisanterie contre le pouvoir peut être fort courageuse, mais n'est pas littéraire.

La moindre plaisanterie contre les rois ou la sainte alliance, dite aujourd'hui au Théâtre-Français, irait aux nues, non pas comme *bonne plaisanterie*, notez bien, non pas comme mot égal au *sans dot* d'Harpagon, ou au *Pauvre homme !* du *Tartuffe*, mais comme inconvenance étonnante, comme hardiesse dont on ne revient pas. On s'étonnerait de votre courage, mais ce serait un pauvre succès pour votre esprit ; car, dès qu'il y a censure dans un pays, la plus mauvaise plaisanterie contre le pouvoir réussit. M. Casimir Delavigne croit qu'on applaudit à l'esprit de ses *Comédiens*, tandis qu'on n'applaudit souvent qu'à l'opinion libérale qui perce dans des allusions échappées à la perspicacité de M. Lemontey[8]. Je dirai donc aux poètes comiques, s'il en est qui aient un vrai talent et qui se sentent le pouvoir de nous faire rire : « Attaquez les ridicules des classes ordinaires de la société ; n'y a-t-il donc que les sous-ministres de ridicules ? Mettez en scène ce patriote célèbre qui a consacré son existence à la cause de la patrie ; qui ne respire que pour le bonheur de l'humanité, et qui prête son argent au roi d'Espagne pour payer le bourreau de R***. Si on lui parle de cet emprunt : « Mon cœur est patriote, répond-il, qui pourrait en douter ? mais mes écus sont royalistes. » Ce ridicule-là prétend-il à l'estime ? refusez-lui cette estime d'une manière piquante et imprévue, et vous serez comique. Je ne trouve, au contraire, rien de bien plaisant dans les prétentions des révérends pères jésuites, pauvres hères nés sous le chaume, pour la plupart, et qui cherchent tout bonnement à faire bonne chère sans travailler de leurs mains.

Trouvez-vous inconvenant de mettre en scène les ridicules d'un patriote qui après tout parle en faveur d'une sage liberté, et cherche les moyens d'inoculer un peu de courage civil à des électeurs si braves l'épée à la main ? Imitez Alfieri.

Figurez-vous un beau matin que tous les censeurs sont morts, et qu'il n'y a plus de censure ; mais en revanche quatre ou cinq théâtres à Paris, maîtres de jouer tout ce qui leur vient à la tête, sauf à répondre des choses condamnables, des indécences, etc., etc., devant un jury *choisi par le hasard*[9].

C'est dans cette supposition si étrange qu'Alfieri, dans un pays bien autrement tenu que le nôtre, bien autrement sans espoir, composa, il y a quarante ans, ses admirables tragédies ; et on les joue tous les jours depuis vingt ans, et un peuple de dix-huit millions d'hommes qui, au lieu de Sainte-Pélagie, a des potences, les sait par cœur et les cite à tous propos. Les éditions de ces tragédies se multiplient dans tous les formats, les salles sont remplies deux heures à l'avance quand on les joue ; en un mot, le succès d'Alfieri, mérité ou non, est au-dessus de tout ce que peut rêver même la vanité d'un poëte ; et tout ce changement est arrivé en moins de vingt ans. Écrivez donc, et vous serez applaudi en 1845.

La comédie que vous composerez aujourd'hui, et qui, au lieu du pauvre commis *Bellemain* de l'*Intérieur d'un bureau*, présenterait M. le comte un tel, p... d... F..., ne serait pas tolérée par le ministère actuel ? Eh bien ! mettez en pratique le précepte d'Horace, autrefois si recommandé, dans un autre sens, il est vrai ; gardez neuf ans votre ouvrage, et vous aurez affaire à un ministère qui cherchera à ridiculiser celui d'aujourd'hui, peut-être à le bafouer. Dans neuf ans, n'en doutez pas, vous trouverez toute faveur pour faire jouer votre comédie.

Le charmant vaudeville de *Julien ou Vingt-cinq ans d'entr'acte*[10] peut vous servir d'exemple. Ce n'est qu'une esquisse ; mais, sous le rapport de la hardiesse et de la censure, cette esquisse vaut autant pour mon raisonnement que la comédie en cinq actes la plus étoffée. Le vaudeville de *Vingt-cinq ans d'entr'acte* aurait-il pu être joué en 1811 sous Napoléon ? M. Étienne et tous les censeurs de la police impériale n'auraient-ils pas frémi à la vue du jeune paysan illustré par son épée dans les campagnes de la Révolution, fait *duc de Stettin* par Sa Majesté l'empereur, et s'écriant, lorsque sa fille veut épouser un peintre : « Jamais, non, jamais l'on ne s'est mésallié dans la famille des Stettin ? » Qu'aurait dit la vanité de tous les comtes de l'Empire ?

L'exil à quarante lieues de Paris eût-il paru suffisant à M. le duc de R*** pour l'audacieux qui se fût permis cette phrase ?

Toutefois, monsieur le poëte comique, si dans cette même année 1811, au lieu de gémir platement et impuissamment sur l'arbitraire, sur le despotisme de Napoléon, etc., etc., etc., vous aviez agi avec force et rapidité, comme lui-même agissait ; si vous aviez fait des comédies dans lesquelles on aurait ri aux dépens des ridicules que Napoléon était obligé de protéger pour soutenir son *Empire français*, sa *nouvelle noblesse*, etc., moins de quatre ans après elles eussent trouvé un succès fou. Mais, dites-vous, mes plaisanteries pouvaient vieillir avec le temps. — Oui, comme le *sans dot* d'Harpagon, comme le *Pauvre homme !* du *Tartuffe*. Est-ce sérieusement que vous présentez cette objection au milieu d'un peuple qui en est réduit à rire encore des ridicules de *Clitandre* et d'*Acaste*[11], qui n'existent plus depuis cent ans ?

Si, au lieu de gémir niaisement sur les difficultés insurmontables que le siècle oppose à la poésie, et d'envier à Molière la protection de Louis XIV, vous aviez fait en 1811 de grandes comédies aussi libres dans leur tendance politique que le vaudeville de *Vingt-cinq ans d'entr'acte*, avec quel empressement, en 1815, tous les théâtres ne vous eussent-ils pas offert un tour de faveur ? Quelles dignités ne seraient pas tombées sur vous ? En 1815, entendez-vous ?

quatre ans après. Avec quelle joie nous aurions ri de la sotte vanité des princes de l'empire[12] ! Vous auriez eu d'abord un succès de satire comme Alfieri en Italie. Peu à peu, le système de Napoléon étant *bien mort,* vous auriez trouvé le succès de *Waverley* et des *Puritains d'Écosse.* Depuis la mort du dernier des Stuarts, qui pourrait trouver odieux le personnage du baron de Bradwardine ou le major Bridgenorth de *Peveril* ? Notre *politique* de 1811 n'est plus que de l'histoire en 1824.

Si, suivant les conseils du plus simple bon sens, vous écrivez aujourd'hui sans vous embarrasser de la censure actuelle, peut-être qu'en 1834, par un juste respect pour vous-même, et afin de repousser le désagrément de toute ressemblance avec les hommes de lettres de la trésorerie d'alors, vous serez obligé d'affaiblir les traits dont vous aurez peint les noirs ridicules des puissants d'aujourd'hui[13].

Êtes-vous impatient ? voulez-vous absolument que vos contemporains parlent de vous tandis que vous êtes jeune ? avez-vous besoin de renommée ? écrivez vos comédies comme si vous étiez exilé à New-York, et, qui plus est, faites-les imprimer à New-York sous un nom supposé. Si elles sont satiriques, méchantes, attristantes, elles ne traverseront pas l'Océan, et tomberont dans le profond oubli qu'elles méritent. Ce ne sont pas les occasions de nous indigner et de haïr d'une haine impuissante qui nous manquent aujourd'hui, n'avons-nous pas Colmar et la Grèce ? Mais si vos comédies sont bonnes, plaisantes, réjouissantes, comme la Lettre sur le gouvernement récréatif et la *Marmite représentative,* M. Demat, honnête imprimeur de Bruxelles, ne manquera pas de vous rendre le même service qu'à M. Béranger ; en moins de trois mois, il vous aura contrefait dans tous les formats. Vous vous verrez chez tous les libraires de l'Europe, et les négociants de Lyon qui vont à Genève recevront de vingt amis la commission de leur apporter votre comédie, comme ils reçoivent aujourd'hui la commission d'importer un Béranger[14].

Mais hélas ! je vois à la mine que vous me faites que mes conseils ne sont que trop bons ; ils vous fâchent. Vos comédies ont si peu de verve comique et de feu, que personne ne prendrait garde à leur esprit, personne ne rirait de leurs plaisanteries, si quotidiennement elles n'étaient louées, recommandées, prônées par les journaux dans lesquels vous travaillez. Qu'ai-je à faire de vous parler de New-York et de nom supposé ? Vous imprimeriez vos épîtres dialoguées à Paris, qu'au lieu d'être pour vous une route sûre pour Sainte-Pélagie, elles seraient seulement pour votre libraire une route assurée pour l'hôpital, ou bien il mourrait de douleur comme celui qui paya douze mille francs l'*Histoire de Cromwell.*

Ingrats que vous êtes, ne vous plaignez donc plus de cette bonne censure, elle rend à votre vanité le plus grand des services, elle vous sert à persuader aux autres, et peut-être à vous-même, que vous feriez quelque chose si…

Sans messieurs les censeurs, votre sort serait affreux, écrivains libéraux et persécutés ; le Français est né plaisant, vous seriez inondés de *Mariage de Figaro*, de *Pinto*, en un mot, de comédies *où l'on rit*. Que deviendraient alors, je vous le demande, vos froides pièces si bien écrites ? Vous joueriez en littérature précisément le même rôle que M. Paër en musique, depuis que Rossini a fait oublier ses opéras. Voilà tout le secret de votre grande colère contre Shakspeare. Que deviendront vos tragédies, le jour où l'on jouera *Macbeth* et *Othello*, traduits par madame Belloc ? Racine et Corneille, au nom desquels vous parlez, n'ont rien à craindre de ce voisinage ; mais vous !

Je suis un insolent et vous avez du génie, dites-vous ? Je le veux bien, suis-je d'assez bonne composition ? Vous avez donc du génie comme Béranger ; mais, comme lui, vous ne savez pas marcher en petit équipage, et reproduire à Paris la sagesse pratique et la philosophie sublime des philosophes de la Grèce. Vous avez besoin de vos écrits pour atteindre

Au superflu, chose si nécessaire.

Eh bien ! au moyen de quelques descriptions ajoutées, transformez vos comédies en romans et imprimez à Paris. La haute société, que le luxe de l'hiver exile à la campagne dès le mois de mai, a un immense besoin de romans ; il faudrait que vous fussiez bien ennuyeux pour l'être davantage qu'une soirée de famille à la campagne un jour de pluie[15].

J'ai l'honneur, etc.

---

1. ↑ *Louis IX* est une tragédie d'Ancelot et *Jeanne d'Arc* d'Avrigny. N. D. L. É.
2. ↑ *Germanicus* de V. Arnault père. N. D. L. É.
3. ↑ Tragédie de P. Lebrun. N. D. L. É.
4. ↑ Dans les œuvres complètes de MM. de Jouy et Duval.
5. ↑ Traduit de M. Hazlitt.
6. ↑ Comédie de Sauvage et Mazère. N. D. L. É.
7. ↑ Roman de La Motte-Langon. N. D. L. É.
8. ↑ M. Lemontey était un des censeurs dramatiques. N. D. L. É.
9. ↑ Parmi les habitants de Paris payant cinq mille francs d'impôt, et par conséquent partisans fort modérés de la loi agraire et de la licence.
10. ↑ Par Dartois et Xavier. N. D. L. É.
11. ↑ Les marquis du *Misanthrope*.
12. ↑ « Entre nous le monseigneur suffit. »
13. ↑ « C'est monsieur un tel qui a eu l'heureuse idée du poing coupé ; », ou bien : « Monseigneur, quand vous ne parlez pas, ma foi, je vote suivant ma conscience. »
14. ↑ Le volume de ce grand poëte qui, grâce à M. Demat, coûte trois francs à Genève, se paye vingt-quatre francs à Lyon, et n'en a pas qui veut. Rien de plaisant à la douane de Bellegarde, située entre Genève et Lyon, comme la liste affichée dans le bureau des ouvrages prohibés à l'entrée. Comme je lisais cette liste en riant de son impuissance, plusieurs honnêtes voyageurs la copiaient pour faire venir les ouvrages qu'elle indique. Tous me dirent qu'ils apportaient un Béranger à Lyon. Mars 1824.
15. ↑ Je reçois la feuille quatre de cette brochure toute barbouillée de la fatale encre rouge. Il me faut supprimer le *bel éloge du bourreau*, par M. de Maistre, considéré dans ses rapports avec la comédie ; l'anecdote de MM. de Choiseul et de Praslin, enfin tout ce qui peut de bien loin offenser les puissants. Quel bonheur de vivre à Philadelphie ! me dis-je au premier moment. Peu à peu mes idées se calment, et j'arrive aux considérations suivantes :

Le gouvernement de la Charte, prenez-le à toutes ses phases d'énergie en 1819 comme en 1825, a trois grands défauts littéraires :

1º Il ôte le loisir sans lequel il n'y a point de beaux-arts. L'Italie, en gagnant les deux Chambres, perdra peut-être les Canova et les Rossini.

2º Il jette une défiance raisonneuse dans tous les cœurs. Il sépare les diverses classes de citoyens par la haine. Vous ne demandez plus de cet homme que vous rencontrez dans la société à Dijon ou à Toulouse : Quel est son ridicule ? mais bien : Est-il libéral ou ultra ? Il ôte aux différentes classes de citoyens le désir d'être aimables aux yeux les uns des autres, et par conséquent le pouvoir de rire aux dépens les uns des autres.

Un Anglais qui voyage par la diligence de Bath se garde bien de parler et de plaisanter sur la chose du monde la plus indifférente ; il peut trouver dans son voisin un homme d'une classe ennemie, un méthodiste ou un tory furieux qui lui répondra en l'envoyant paître, car la colère est un plaisir pour les Anglais, elle leur fait sentir la vie. Comment naîtrait la *finesse d'esprit* dans un pays où l'on peut imprimer impunément *Georges est un libertin*, et où le seul mot de *Roi* constitue le délit ? Il ne resterait dans un tel pays que deux sources de plaisanterie, les faux braves et les maris trompés ; le *ridicule* y prendrait le nom d'*excentricity*.

Dans le despotisme sans échafauds trop fréquents, vraie patrie de la comédie en France, sous Louis XIV et sous Louis XV, tous les gens voyageant par la diligence avaient les mêmes intérêts, riaient des mêmes choses, et, qui plus est, cherchaient à rire, éloignés qu'ils étaient des intérêts sérieux de la vie.

3º On dit qu'un habitant de cette Philadelphie que le regrettais, ne songe qu'à gagner des dollars, et sait à peine ce que veut dire le mot *ridicule*. Le *rire* est une plante exotique importée d'Europe à grands frais, et qui n'est à l'usage que des plus riches (voyage de l'acteur Mathews). Le manque de finesse et le pédantisme puritain rendent impossible, dans cette république, la comédie *d'Aristophane*.

Tout ceci n'empêche pas la justice, la liberté, l'absence des espions, d'être des biens adorables. Le *rire* n'est qu'une consolation à l'usage des sujets de la monarchie. Mais comme l'huître malade produit la perle, ces hommes sans liberté, et sans *sépulture chrétienne* après leur mort, produisent *Tartuffe* et le *Retour imprévu*.

Je n'ai de la vie parlé à un censeur, mais je m'imagine qu'il pourrait dire pour excuser son métier :

« Quand toute la France le voudrait à l'unanimité, nous ne pourrions nous refaire des hommes de 1780. L'admirable *libretto* de *Don Juan*, mis en musique par Mozart, fut écrit à Vienne, par l'abbé Casti ; certes l'oligarchie viennoise n'a jamais passé pour tolérer la licence au théâtre. Eh bien ! à Vienne, en 1787, don Juan, dona Anna et dona Elvïre chantaient pendant cinq minutes dans la scène du bal : *Viva la libertà !* À Louvois, en 1825, au moment où nous sommes forcés de souffrir les discours du général Foy et de M. de Chateaubriand il a bien fallu ordonner à don Juan de chanter *Viva l'ilarità !* L'hilarité n'est-elle pas ce qui nous manque ?

« En 1787, personne ne songeait à applaudir la liberté ; aujourd'hui il serait à craindre que ce mot ne devînt un drapeau. La guerre est déclarée. Les privilégiés sont en fort petit nombre, riches et *enviés*, la plaisanterie serait une arme terrible contre eux ; n'est-ce pas le seul ennemi qui ait fait peur à Buonaparte ? Donc il faut des censeurs si vous ne voulez pas fermer les théâtres. »

La comédie peut-elle survivre à cet état de choses ? Le roman, qui esquive la censure, ne va-t-il pas hériter de la pauvre défunte ? Les courtisans, dans la juste terreur que leur inspire le *rire*, permettront-ils, qu'on se moque de la *classe* des avocats, de la *classe* des médecins, de la *classe* des compositeurs de musique qui maudissent Rossini, de la *classe* des vsndeurs de croix, et des opticiens qui en achètent ; ou qu'on traite ce sujet si plaisant : L'*Homme de lettres ou les vingt places*, ou celui-ci : *Le Coureur d'héritages* ? Toutes les *classes* de gens ridicules n'ont-elles pas des protecteurs naturels qui se coalisent pour le maintien de ce qu'on appelle la *décence publique* ?

Le premier besoin pour la police n'est-il pas le maintien de la tranquillité ? et que lui importe un chef-d'œuvre de moins ? La première violation de l'*unité de lieu* dans *Christophe Colomb* fit tuer un homme au parterre.

D'un autre côté, si jamais nous avons la liberté complète, qui songera à faire des chefs-d'œuvre ? Chacun travaillera, personne ne lira si ce n'est de grands journaux in folio, où toute vérité s'énoncera dans les termes les plus directs et les plus nets. Alors la comédie française aura toute liberté ; mais en perdant Sainte-Pélagie et la salle Saint-Martin, nous aurons perdu *quant et quant* l'esprit qu'il faut pour faire et pour goûter la comédie, ce brillant mélange de vérité de mœurs, de gaieté légère et de satire piquante. Dans une monarchie, pour qu'un Molière soit possible, il faut l'amitié d'un Louis XIV. En attendant, ce hasard heureux, et vu les critiques amères dont les Chambres et la société poursuivent les hommes du pouvoir, ce qui ne les met nullement d'humeur à permettre la plaisanterie, essayons la tragédie romantique au théâtre. Chez nous lisons des romans, et jouons des proverbes *hardis*.

Depuis la Charte, lorsqu'un jeune d...* entre dans un salon, il y fait naître un sentiment de malveillance ; lui-même est embarrassé. D'où je conclus que les d... auront beaucoup de mérite à l'avenir, et en même temps toute l'*hilarité* d'un lord anglais.

Ainsi la Charte : 1° ôte le loisir ; 2° sépare par la haine ; 3° tue la finesse d'esprit. En revanche nous lui devons l'éloquence du général Foy.

* « Un jeune duc ». N. D. L. É.

LETTRE VI

Le Romantique au Classique.

Paris, le 30 avril 1824.

Monsieur,

DÈS qu'on parle de *tragédie nationale en prose* à ces hommes, pleins d'idées positives et d'un respect sans bornes pour les bonnes recettes, qui sont à la tête de l'administration des théâtres, l'on ne voit point chez eux, comme chez les auteurs qui écrivent en vers, une haine mal déguisée et se cachant avec peine sous la bénignité du sourire académique. Loin de là, les acteurs et directeurs sentent qu'un jour (mais peut-être dans douze ou quinze ans ; pour eux, voilà où est toute la question) le romantisme fera gagner un million à quelque heureux théâtre de Paris.

Un homme à argent d'un de ces théâtres, auquel je parlais du *Romantisme* et de son triomphe futur, me dit de lui-même : « Je comprends votre idée, on s'est moqué à Paris, pendant vingt ans, du *Roman historique* ; l'Académie a prouvé doctement le ridicule de ce genre, nous y croyions tous, lorsque Walter Scott a paru, son *Wawerley* à la main ; et Balantyne, son libraire, vient de mourir millionnaire. La seule barrière qui s'interpose entre la caisse du théâtre et d'excellentes recettes, continua le directeur, c'est l'esprit des grandes Écoles de droit et de médecine, et les journaux libéraux qui mènent cette jeunesse. Il faudrait un directeur assez riche pour acheter l'opinion littéraire du *Constitutionnel* et de deux ou trois petits journaux ; jusque-là, auquel de nos théâtres conseilleriez-vous de monter un drame romantique en cinq actes et en prose intitulé la *Mort du duc de Guise à Blois*, ou *Jeanne d'Arc et les Anglais*, ou *Clovis et les évêques* ? Sur quel théâtre une telle tragédie pourrait-elle arriver au troisième acte ? Les rédacteurs des feuilles influentes qui ont, la plupart, des pièces en vers au courant du répertoire ou en répétition, laissent passer le mélodrame à la d'Arlincourt, mais ne souffriront jamais le *mélodrame écrit en style raisonnable.* S'il en était autrement, croyez-vous que nous n'aurions pas essayé le *Guillaume Tell* de Schiller ? La police en ôterait un quart, un de nos arrangeurs un autre quart, ce qui resterait arriverait à cent représentations *si l'on pouvait en avoir trois ;* mais voilà ce que ne permettront jamais les rédacteurs des feuilles libérales, et, par conséquent, les élèves des Écoles de droit et de médecine.

« — Mais, monsieur, l'immense majorité des jeunes gens de la société a été convertie au romantisme par l'éloquence de M. Cousin ; tous applaudissent aux bonnes théories du *Globe*...

« — Monsieur, vos jeunes gens de la société ne vont pas au parterre faire le coup de poing ; et au théâtre comme en politique nous méprisons les philosophes qui ne font pas le coup de poing. »

Cette conversation vive et franche m'a plus affligé, je l'avoue, que toute la colère de l'Académie. Le lendemain, j'ai envoyé dans les cabinets littéraires des rues Saint-Jacques et de l'Odéon ; j'ai demandé la liste des livres qu'on lit le plus ; ce n'est point Racine, Molière, *Don Quichotte*, etc., dont les élèves en droit et en médecine usent chaque année trois ou quatre exemplaires, mais bien le *Cours de littérature* de Laharpe, tant la manie jugeante est profondément enracinée dans le caractère national, tant notre vanité craintive a besoin de porter des idées toutes faites dans la conversation.

Si M. Cousin faisait encore son cours, l'éloquence entraînante de ce professeur et son influence sans bornes sur la jeunesse parviendraient peut-être à convertir les élèves des grandes écoles. Ces jeunes gens mettraient leur vanité à réciter, en perroquets, d'autres phrases que celles de Laharpe ; mais M. Cousin parle trop bien pour que jamais on le laisse reparler.

Quant aux rédacteurs du *Constitutionnel* et des feuilles à la mode, il faudrait des arguments bien forts pour espérer. Disposant en grande partie des succès, toujours ces messieurs auront l'idée lucrative de faire eux-mêmes de belles pièces dans le genre routinier qui est le plus vite bâti, ou du moins ils s'associeront avec les auteurs.

Il est donc utile que quelques écrivains modestes, qui ne se reconnaissent pas le talent nécessaire pour créer une tragédie, consacrent chaque année une semaine ou deux à faire imprimer un pamphlet littéraire destiné à fournir à la jeunesse française des *phrases toutes faites*.

Si j'avais le bonheur de trouver quelques jolies phrases bonnes à être répétées, peut-être cette jeunesse si indépendante comprendrait-elle enfin que c'est le *plaisir dramatique* qu'il faut aller chercher au théâtre, et non pas le plaisir épique d'entendre réciter de beaux vers bien ronflants, et que d'*avance l'on sait par cœur*, comme le dit naïvement M. Duviquet[1].

À l'insu de tout le monde, le romantisme a fait d'immenses progrès depuis un an. Les esprits généreux, désespérant de la politique depuis les dernières élections, se sont jetés dans la littérature. Ils y ont porté de la raison, et voilà le grand chagrin des hommes de lettres.

Les ennemis de la tragédie nationale en prose ou du romantisme (car, comme M. Auger, *je n'ai parlé que du théâtre*[2]) sont de quatre espèces :

1º Les vieux rhéteurs *classiques*, autrefois collègues et rivaux des Laharpe, des Geoffroy, des Aubert ;

2º Les membres de l'Académie française, qui, par la splendeur de leur titre, se croient obligés à se montrer les dignes successeurs des impuissants en colère qui jadis critiquèrent le *Cid* ;

3° Les auteurs qui, au moyen de tragédies en vers, font de l'argent, et ceux qui, par leurs tragédies et malgré les sifflets, obtiennent des pensions.

Les plus heureux de ces poëtes, ceux que le public applaudit, étant en même temps journalistes libéraux, disposent du sort des premières représentations, et ne souffriront jamais l'apparition d'ouvrages plus intéressants que les leurs ;

4° Les moins redoutables des ennemis de la tragédie nationale en prose, telle que *Charles VII et les Anglais*, les *Jacques bons Hommes, Bouchard et les Moines de Saint-Denis, Charles IX*, sont les *poëtes associés* des bonnes-lettres. Quoique fort ennemis de la prose en leur qualité de fabricants de vers à l'usage de l'hôtel de Rambouillet, et détestant surtout une prose simple, correcte, sans ambition, modelée sur celle de Voltaire, ils ne peuvent sans se contredire eux-mêmes s'opposer à l'apparition d'une tragédie qui tirera ses principaux effets des passions violentes et des mœurs terribles du moyen âge. Comme bons hommes de lettres, présidés par M. de Chateaubriand, ils n'oseraient proscrire, de peur de fâcher leurs nobles patrons, un système de tragédie qui nous entretiendra des grands noms des Montmorency, des la Trimouille, des Crillon, des Lautrec, et qui remettra sous les yeux du peuple les actions féroces, il est vrai, mais grandes et généreuses, autant qu'on pouvait l'être au douzième siècle, des guerriers fondateurs de ces illustres familles[3]. En sortant d'une tragédie où nous aurons vu combattre et mourir ce héros farouche et sanguinaire, le connétable de Montmorency, l'électeur le plus libéral et le plus piqué des tours de passe-passe qu'on lui a joués aux dernières é...[4] ne pourra se défendre d'une sorte de curiosité bienveillante en entendant annoncer dans un salon un Montmorency. Aujourd'hui personne dans la société ne sait l'histoire de France ; avant M. de Barante, elle était trop ennuyeuse à lire ; la tragédie romantique nous l'apprendra et d'une manière tout à fait favorable aux grands hommes de notre moyen âge. Cette tragédie qui, *par l'absence du vers alexandrin*, héritera de tous les mots naïfs et sublimes de nos vieilles chroniques[5], est donc tout à fait dans l'intérêt de la chambre des pairs. Le salon des *Bonnes-lettres*, qui est à la suite de cette chambre, ne peut donc opposer des injures par trop ignobles à l'apparition de la tragédie nationale en prose. D'ailleurs, une fois ce genre toléré, quelle belle occasion de flatterie agréable et de dédicaces bien basses ! La tragédie nationale est un trésor pour les *Bonnes-lettres*.

Quant à la pauvre Académie, qui se croit obligée de persécuter d'avance la *tragédie nationale en prose*, c'est un corps sans vie et qui ne saurait porter des coups bien dangereux. Bien loin de tuer les autres, l'Académie aura assez à faire de ne pas mourir. Déjà ceux de ses membres que je respecte avec le public sont honorés à cause de leurs ouvrages, et non pour le vain titre d'académicien qu'ils partagent avec tant de nullités littéraires. L'Académie française serait le contraire de ce qu'elle est, c'est-à-dire la réunion des quarante personnes qui passent en France pour avoir le plus d'esprit, de génie ou de talent, que, dans ce siècle raisonneur, elle ne pourrait, sans encourir le ridicule, entreprendre de dicter au public ce qu'il doit penser en fait de littérature. Dès qu'on lui ordonne de croire, rien de plus récalcitrant que le *Parisien* d'aujourd'hui ; j'excepte, bien entendu, l'opinion qu'il doit afficher pour conserver sa place[6], ou pour avoir la croix à la première distribution. L'Académie a manqué de tact dans toute cette affaire, elle s'est crue un ministère. Le romantisme lui donne de l'humeur, comme jadis la circulation du sang, ou la philosophie de Newton à la Sorbonne ; rien de plus simple, les positions sont pareilles. Mais était-ce une raison pour jeter au public, avec un ton de supériorité si bouffon[7], l'opinion qu'elle veut placer dans les têtes parisiennes ? Il fallait commencer par faire une collecte entre les honorables membres dont le romantisme va vieillir les *Œuvres complètes* : MM. de Jouy, Duval, Andrieux, Raynouard, Campenon, Levis, Baour-Lormian, Soumet[8], Villemain, etc. ; avec la grosse somme, produit de cette quête, il fallait payer aux *Débats* les cinq cents abonnés qu'on allait lui faire perdre, et publier dans ce journal, si amusant depuis quinze jours, deux articles par semaine contre les romantiques. Le lecteur a pris une idée de l'esprit voltairien, et de l'urbanité que M. de Jouy aurait portée dans cette discussion, par l'extrait de la *Pandore* que j'ai cité en note ; les propos des halles auraient bientôt embelli les colonnes du *Journal des Débats*. M. Andrieux nous a foudroyés incognito dans la *Revue* ; la prose de l'auteur du *Trésor*[9] paraissant aussi pâle que la gaieté de ses comédies, on aurait inséré dans les *Débats* sa fameuse satire contre les romantiques. Si, contre toute apparence, ce coup n'eût pas suffi pour les anéantir, l'élégant M. Villemain, tout joyeux d'avoir une petite pensée à mettre dans ses jolies phrases[10], n'eût pas refusé à l'Académie le secours de sa rhétorique.

Au lieu d'implorer l'esprit du successeur de Voltaire, ou la faconde si jolie de l'auteur de l'*Histoire de Cromwell*, l'Académie nous a dit par l'organe sec et dur de M. Auger :

« Un nouveau schisme se manifeste aujourd'hui. Beaucoup d'hommes élevés dans un respect religieux pour d'antiques doctrines s'effrayent des progrès de la *secte* naissante, et semblent demander qu'on les rassure... Le danger n'est pas grand encore, et l'on pourrait craindre de l'augmenter en y attachant trop d'importance... Mais faut-il donc attendre que la *secte*, entraînée elle-même au delà du but où elle tend, en vienne jusque-là qu'elle pervertisse par d'*illégitimes* succès cette masse flottante d'opinions dont toujours la fortune dispose[11] ? »

Trouvera-t-on de l'inconvenance à voir un homme obscur examiner un peu quels ont été les *succès légitimes* ou non de la *masse flottante* qui compose la majorité de cette Académie ? Je saurai me garantir de toute allusion maligne à la vie privée des auteurs dont j'attaque la gloire ; ces armes aviles sont à l'usage des faibles. Tous les Français qui s'avisent de penser comme les romantiques sont donc des SECTAIRES[12]. Je suis un *sectaire*. M. Auger, qui est payé à part pour faire le Dictionnaire, ne peut ignorer que ce mot est *odieux*. Je serais en droit, si j'avais l'urbanité de M. de Jouy, de répondre à l'Académie par quelque parole malsonnante ; mais je me respecte trop pour combattre l'Académie avec ses propres armes.

Je me contenterai de proposer une question.

Que dirait le public, *sectaire* ou non, si on l'invitait à choisir, sous le rapport de l'esprit et du talent, entre :

M. DROZ,	et M. DE LAMARTINE ;
M. CAMPENON, auteur de l'*Enfant prodigue*,	et M. DE BÉRANGER ;
M. DE LACRETELLE jeune, historien,	et M. DE BARANTE ;
M. ROGER, auteur de l'*Avocat*,	et M. FIÉVÉE ;
M. MICHAUD,	et M. GUIZOT ;
M. DAGUESSEAU,	et M. DE LA MENNAIS ;
M. VILLAR,	et M. VICTOR COUSIN ;
M. DE LEVIS,	et M. LE GÉNÉRAL FOY ;
M. DE MONTESQUIOU,	et M. ROYER-COLLARD ;
M. DE CESSAC,	et M. FAURIEL ;
M. LE MARQUIS DE PASTORET,	et M. DAUNOU ;
M. AUGER, auteur de treize *Notices*,	et M. PAUL-LOUIS COURIER ;
M. BIGOT DE PRÉAMENEU,	et M. BENJAMIN CONSTANT ;
M. LE COMTE FRAYSSINOUS, auteur de l'*Oraison funèbre de S. M. Louis XVIII*,	et M. DE PRADT, ancien archevêque de Malines ;

M. SOUMET, et M. SCRIBE ;
M. LAYA, auteur de *Falkland*, et M. ÉTIENNE.

    Aucune manière de raisonner ne peut être plus franche et plus noble que la simple position de cette question. Je suis trop poli pour abuser de mes avantages ; je ne me ferai point l'écho de la réponse du public.

    Je me suis permis avec d'autant moins de remords d'imprimer ces noms de la seconde colonne, qui font l'orgueil de la France, que, par suite de l'obscurité de ma vie, je ne connais personnellement aucun des hommes distingués qui les portent. Je connais encore moins les académiciens dont les noms pâlissent à côté des leurs. Comme les uns ni les autres ne sont rien pour moi que par leurs écrits, en répétant le jugement du public, j'ai pu me considérer en quelque sorte comme étant déjà la postérité pour eux.

    De tout temps il y a eu une petite divergence entre l'opinion du public et les arrêts de l'Académie. Le public désirait voir élire un homme de talent qu'ordinairement l'Académie jalousait ; c'est par exemple sur l'ordre exprès de l'Empereur qu'elle a nommé M. de Chateaubriand. Mais jamais le public n'est arrivé, comme aujourd'hui, jusqu'à trouver des remplaçants pour la majorité de l'Académie française. Ce qu'il y a de fâcheux, c'est que, quand l'opinion publique est bravée à ce point, elle se retire. La défaveur où le *Déjeuner* à fait tomber l'Académie ne peut que s'accroître ; car jamais la majorité des hommes dont le public admire le talent ne sera appelée à y entrer.

L'Académie fut annulée le jour où elle eut le malheur de se voir recruter par ordonnance. Après un coup si fatal, ce corps, qui ne peut avoir d'existence que par l'opinion, a eu la maladresse de laisser échapper toutes les occasions de la reconquérir. Jamais le plus petit acte de courage, toujours la servilité la plus phrasière et la moins noble. Le bon M. Montyon fonde un prix de *vertu* ; à ce mot, le ministère a peur ; M. Villemain, qui préside l'Académie ce jour-là, remporte le prix d'adresse, et elle se laisse enlever, sans mot dire, le droit de conférer ce prix. Le prix est ridicule ; mais il l'est encore plus de se laisser avilir à ce point, et par quelles gens encore ? Qu'auraient fait les ministres si vingt membres de l'Académie avaient envoyé leur démission ? Mais cette idée inconvenante est aussi loin de la pauvre Académie française, qu'elle-même est éloignée de posséder aucune influence sur l'opinion publique.

Je lui conseille d'être polie à l'avenir, et le public, *sectaire* ou non, la laissera mourir en paix.

Je suis avec respect, etc.

---

1. ↑ *Journal des Débats* du 8 juillet 1818.
2. ↑ Page 7 du Manifeste.
3. ↑ On trouve deux ou trois sujets de tragédie dans chaque volume du Froissart de M. Buchon : Édouard II et Mortimer, Robert d'Artois et Édouard III, Jacques d'Artevelle ou les Gantois, Wat-Tyler, Henri de

Transtamare et du Guesclin, Jeanne de Montfort, duchesse de Bretagne, le captal de Buch à Meaux, Clisson et le duc de Bretagne (c'est le sujet d'*Adélaïde du Guesclin*), le roi Jean et le roi de Navarre à Rouen, Gaston de Foix et son père, seconde révolte de Gand sous Philippe d'Artevelle. L'amour, ce sentiment des modernes qui n'était pas né du temps de Sophocle, anime la plupart de ces sujets par exemple, l'aventure de Limousin et Raimbaud.

4. ↑ Élections. N. D. L. É.
5. ↑ « Beaumanoir, bois ton sang. »
6. ↑ Un de mes voisins vient de renvoyer son abonnement au *Journal des Débats* (février 1825) parce que son troisième fils est surnuméraire dans un ministère.
7. ↑ « L'Académie française restera-t-elle indifférente aux alarmes des gens de goût ?... Le premier corps littéraire de la France appréhendera-t-il de se compromettre ?... Cette solennité a paru l'occasion la plus favorable pour déclarer les principes dont l'Académie est unanimement pénétrée... pour essayer de *lever les doutes*, de *fixer les incertitudes*, etc. » (Page 3 du Manifeste.)
8. ↑ Le Dieu qui fit le jour ne défend pas d'aimer.
Saül, tragédie.
Les romantiques proposent : « ne défend pas d'y voir. »
9. ↑ Andrieux. N. D. L. É.
10. ↑ « Ce n'est rien que de faire de jolies phrases, » disait M. de T..., après avoir entendu le jeune professeur ; « il faut encore avoir quelque chose à mettre dedans. »
11. ↑ Pages 2 et 3 du Manifeste.
12. ↑ Sectaire. Ce mot est *odieux*, dit le *Dictionnaire de l'Académie*.

LETTRE VII

Le Romantique au Classique.

Paris, le 1ᵉʳ mai 1824.

QUOI, monsieur, vous croyez les *Débats* une autorité en littérature !

Faut-il donc troubler le repos de ces vieux rhéteurs qui vivent encore sur l'esprit de Geoffroy ? Depuis que la mort de cet homme amusant faillit tuer leur journal, ce corps d'anciens critiques a été soutenu par le *talent vivant* de M. Fiévée ; mais il ne se recrute pas. Ce sont des hommes qui, depuis 1789, n'ont pas admis une idée nouvelle, et, ce qui achève de déconsidérer leurs doctrines littéraires, c'est qu'ils sont enchaînés par le caissier du journal. Quand ces messieurs le voudraient, les propriétaires des *Débats*, véritables Girondins de la réaction royaliste, ne leur permettraient pas de louer une chanson de Béranger ou un pamphlet de Courier.

L'homme d'esprit dont la lettre A[1] signe les jolis articles passe pour l'un des plus fermes soutiens des idées surannées. Quand ils sont de lui, on trouve de l'agrément et des traits piquants dans les articles ordinairement si tristes que les *Débats* consacrent à gronder la génération actuelle de ce qu'elle ne pense pas comme en 1725. Dernièrement, lorsque ce journal a osé attaquer l'un des géants de la littérature libérale, M. de Jouy, c'est M. A. qui a été chargé de plaisanter cet homme célèbre sur le soin qu'il prend de nous faire connaître qu'il est fort gai, et d'*orner de son portrait*, comme il dit, chaque nouvel ouvrage qu'il donne au public. M. A. est même allé jusqu'à faire à M. de Jouy des interpellations d'un genre plus sérieux ; il l'a accusé d'ignorance ; il a rappelé le mot latin *agreabilis*, peu agréable, dit-on, à l'auteur de Sylla, etc., etc. Je ne sais jusqu'à quel point tous ces reproches sont fondés ; mais voici un petit exemple du profond savoir de MM. les écrivains classiques.

Dans le numéro du *Journal des Débats* du 22 mai 1823, M. A. entreprend de rendre compte en trois énormes colonnes, car les Classiques sont lourds, de je ne sais quel ouvrage dans lequel M. le vicomte de Saint-Chamans attaque les romantiques. M. A. nous dit :

« Du temps de l'*Homme aux quarante écus*, un Écossais, M. Home, critiquait les plus beaux endroits de l'*Iphigénie* de Racine, comme aujourd'hui M. Schlegel critique les plus beaux endroits de *Phèdre* ; et de même que l'Allemand de nos jours, l'Écossais de cette époque donnait le divin Shakspeare comme le vrai modèle du goût. Il citait, comme exemple de la belle manière de faire parler les héros de la tragédie, un discours de lord Falstaff, chef de la justice, qui, dans la tragédie de Henri IV, présentant au roi un prisonnier qu'il vient de faire, lui dit avec autant d'esprit que de dignité : — *Sire, le voilà ; je vous le livre ; je supplie Votre Grâce de faire enregistrer ce fait d'armes parmi les autres de cette journée, ou... je le ferai mettre dans une ballade avec mon portrait à la tête... Voilà ce que je ferai, si vous ne rendez ma gloire aussi brillante qu'une pièce de deux sous dorée et alors vous verrez dans le clair ciel de la renommée ternir votre gloire comme la pleine lune efface les charbons éteints de l'élément de l'air, qui ne paraissent autour d'elle que comme des têtes d'épingles.* J'ai cru devoir passer quelques expressions, par trop romantiques aussi. »

Quel est l'écolier qui ne sait pas aujourd'hui que Falstaff n'est point un grand juge ni un lord, mais bien un faux brave plein d'esprit, personnage fort plaisant, aussi célèbre en Angleterre que Figaro l'est en France ? Faut-il accuser les rhéteurs classiques de mauvaise foi ou d'ignorance ? Ma foi, je suis pour l'ignorance. Je craindrais d'abuser de votre patience si je vous présentais d'autres exemples du savoir de ces messieurs dans tout ce qui ne tient pas à la littérature ancienne. M. Villemain, l'un d'eux, celui qui, au dire de son propre journal, réfute, *et de si haut*[2], les erreurs des romantiques, va jusqu'à placer le fleuve de l'Orénoque dans l'Amérique du Nord[3]

Agréez, etc.

1. ↑ De Féletz. N. D. L. É.
2. ↑ Débats de mars 1823.
3. ↑ Quatorzième liv. des *Théâtres étrangers,* pag. 325.

LETTRE VIII

Le Romantique au Classique.

Andilly, le 3 mai 1824

Vous me dites, monsieur, que je ne trouve de raisons que pour détruire ; que jamais je ne m'élève au-dessus du facile talent de montrer des inconvénients. Vous m'accordez que les journaux libéraux mènent la jeunesse ; que le *Journal des Débats*, tout en jugeant Shakspeare et Schiller sans les avoir lus, égare l'âge mûr, qui, comme la jeunesse, n'aime point à lire des chefs-d'œuvre nouveaux qui donneraient la fatigue de penser, mais veut aussi des phrases toutes faites. Le genre dramatique, celui de tous qui a le plus illustré la France, est stérile depuis bien des années ; l'on ne traduit à Londres et à Naples que les charmantes pièces de M. Scribe ou les mélodrames. Que faut-il faire ?

1° Confier l'exercice de la censure à des hommes doux et raisonnables, qui permettent toutes choses à M. Lemercier, à M. Andrieux, à M. Raynouard et autres personnes sages ennemies du scandale.

2° Détrôner la gloire des premières représentations. En Italie, ces premières représentations sont presque entièrement sans importance. Tout opéra nouveau, quelque mauvais qu'il soit, se donne trois fois ; c'est le droit du maestro, vous dit-on. Le *Barbier de Séville* de Rossini ne fut pas achevé à Rome le premier jour, et ne triompha que le lendemain.

Ne serait-il pas raisonnable d'imposer à nos théâtres la loi de jouer trois fois les pièces nouvelles ? La toute-puissante police ne pourrait-elle pas exclure absolument les billets gratis de ces trois premières représentations ?

S'il était sage, le public qui se serait ennuyé le premier jour ne reviendrait pas le second. Mais que nous sommes loin, grand Dieu, de porter tant de tolérance dans la littérature ! Notre jeunesse, si libérale lorsqu'elle parle de charte, de jury, d'élections, etc., en un mot du pouvoir qu'elle n'a pas, et de l'usage qu'elle en ferait, devient aussi ridiculement despote que quelque petit ministre que ce soit, dès qu'elle a elle-même quelque pouvoir à exercer. Elle a au théâtre celui de siffler ; eh bien ! non-seulement elle siffle ce qui lui semble mauvais, rien de plus juste ; mais elle empêche les spectateurs qui s'amusent de ce qui lui semble mauvais de jouir de leur plaisir.

C'est ainsi que les jeunes libéraux, excités par le *Constitutionnel* et le *Miroir*, ont chassé les acteurs anglais du théâtre de la Porte-Saint-Martin, et privé d'un plaisir fort vif les Français qui, à tort ou à raison, aiment ce genre de spectacle. On sait que les sifflets et les huées commencèrent avant la pièce anglaise, dont il fut impossible d'entendre un mot. Dès que les acteurs parurent, ils furent assaillis avec des pommes et des œufs ; de temps en temps on leur criait : *Parlez français !* En un mot, ce fut un beau triomphe pour l'*honneur national !*

Les gens sages se disaient : « Pourquoi venir à un théâtre dont l'on ne sait pas le langage ? » On leur répondait qu'on avait persuadé les plus étranges sottises à la plupart de ces jeunes gens ; quelques calicots allèrent jusqu'à crier : *À bas Shakspeare, c'est un aide de camp du duc de Wellington !*

Quelle misère ! quelle honte pour les meneurs comme pour les menés ! Entre la jeunesse si libérale de nos écoles et la censure, objet de ses mépris, je ne vois aucune différence. Ces deux corps sont libéraux également, et c'est avec les mêmes égards pour la justice qu'ils proscrivent les pièces de théâtre qui ne leur conviennent pas. Le genre de leurs raisonnements est le même, la *force.* Or, on sait quel sentiment la force excite dans les cœurs lorsqu'elle se sépare de la justice.

Au lieu de vouloir juger d'après des *principes littéraires* et défendre les *saines doctrines*[1], que nos jeunes gens ne se contentent-ils du plus beau privilège de leur âge, avoir des sentiments ? Si de jeunes Français de vingt ans, habitant Paris, et formés au raisonnement par les leçons des Cuvier et des Daunou, savaient écouter leur propre manière de sentir, et ne juger que d'après leur cœur, aucun public en Europe ne serait comparable à celui de l'Odéon. Mais peut-être alors n'applaudirait-on pas des vers tels que

> L'âge de ses aïeux touche au berceau du monde.
> Le *Paria*.

Un bibliothécaire de mes amis, qui affiche les opinions classiques, faute de quoi il pourrait bien perdre sa place, vient de me donner, en secret, la liste des ouvrages qui sont le plus souvent demandés à sa bibliothèque. Ainsi que dans les cabinets littéraires de la rue de l'Odéon, on y lit bien plus Laharpe que Racine et Molière.

La grande célébrité de Laharpe a commencé après sa mort. Pédant assez mince de son vivant, car il ne savait pas le grec et peu le latin, et dans la littérature française ne se doutait pas de ce qui a précédé Boileau, il est devenu un père de l'église classique, voici comment :

Lorsque Napoléon suspendit la révolution, et crut, comme nous, qu'elle était finie, il se trouva toute une génération qui manquait entièrement d'éducation littéraire. Cette génération savait cependant qu'il y avait une littérature ancienne ; elle attendait des jouissances des pièces de Racine et de Voltaire. Au retour de l'ordre, chacun songea d'abord à avoir un état, l'ambition fut une fièvre. Aucun de nous n'eut l'idée que du nouvel ordre de choses lui-même dans lequel nous entrions, il pût naître une littérature nouvelle. Nous étions Français, c'est-à-dire ne manquant pas de vanité, et pleins du désir non de lire Homère, mais de juger Homère. Le *Cours* de Laharpe, célèbre dès 1787, se trouva là à point nommé pour répondre à nos besoins. De là son immense succès.

Comment faire oublier à nos élèves en droit ce code de la littérature ? Attendre qu'il soit usé ? Mais alors il faut perdre trente ans. Je ne vois qu'une ressource : il faut le refaire, il faut présenter à l'avide vanité de nos jeunes gens seize volumes de jugements tout faits sur toutes les questions littéraires qu'on est exposé à rencontrer dans les salons.

Mais, me dites-vous, prêchez une doctrine saine, lumineuse, philosophique, et vous ferez oublier les phrases de Laharpe. — Pas du tout. La pauvre littérature éprouve le malheur qu'il y a d'être à la mode : les gens pour qui elle n'est pas faite veulent à toute force en parler.

Ici, monsieur, j'éprouve la vive tentation d'ajouter vingt pages de développements. Je voudrais foudroyer les intolérants classiques ou romantiques, donner les principales idées d'après lesquelles, dans mon nouveau *Cours de littérature* en seize volumes, je jugerai les morts et les vivants, etc.[2]. Ne craignez rien toutefois, au milieu du vif intérêt de nos circonstances politiques, je tiens que toute brochure qui a plus de cent pages, ou tout ouvrage qui compte plus de deux volumes, ne trouvera jamais de lecteurs.

Au reste, monsieur, les Romantiques ne se dissimulent point qu'ils proposent aux Parisiens la chose du monde la plus difficile : *réfléchir l'habitude*. Dès qu'il ose déserter l'habitude, l'homme vaniteux s'expose à l'affreux danger de rester court devant quelque objection. Peut-on s'étonner que de tous les peuples du monde le Français soit celui qui tienne le plus à ses habitudes ? C'est l'horreur des périls obscurs, des périls qui forceraient, à *inventer* des démarches singulières et peut-être *ridicules,* qui rend si rare le *courage civil.*

Il me reste, monsieur, à solliciter votre indulgence pour la longueur de mes lettres, et surtout pour la simplicité non piquante de mes phrases. J'ai rejeté, pour être clair, bien des aperçus nouveaux qui auraient fait grand plaisir à ma vanité. J'ai voulu non seulement être lucide, mais encore ôter aux gens de mauvaise foi l'occasion de s'écrier : Grand Dieu ! que ces romantiques sont obscurs dans leurs éclaircissements !

Je suis avec respect, etc.

---

1. ↑ M. Duviquet, *Débats* du 12 novembre 1824.
2. ↑ 1° Jamais de combats sur la scène, jamais d'exécutions ; ces choses sont épiques et non dramatiques. Au dix-neuvième siècle le cœur du spectateur répugne à l'horrible, et lorsque, dans Shakspeare, on voit un bourreau s'avancer pour brûler les yeux à de petits enfants, au lieu de frémir, on se moque des manches à balai peints en rouge par le bout, qui jouent le rôle de barres de fer rougies.

    2° Plus les pensées et les incidents sont romantiques (calculés sur les besoins actuels), plus il faut respecter la langue, *qui est une chose de convention* dans les tours non moins que dans les mots, et tâcher d'écrire comme Pascal, Voltaire et la Bruyère. Les *nécessités* et les *exigences* de messieurs les doctrinaires paraîtront aussi ridicules dans cinquante ans que Voiture et Balzac le sont maintenant. Voyez la préface de l'*Histoire des ducs de Bourgogne.*

3° L'intérêt passionné avec lequel on suit les émotions d'un personnage constitue la *tragédie* : la simple curiosité qui nous laisse toute notre attention pour cent détails divers, la *comédie*. L'intérêt que nous inspire *Julie d'Étanges* est tragique. Le *Coriolan* de Shakspeare, est de la comédie. Le mélange de ces deux intérêts me semble fort difficile.

4° À moins qu'il ne soit question de peindre les changements successifs que le temps apporte dans le caractère d'un homme, peut-être trouvera-t-on qu'il ne faut pas, pour plaire en 1825, qu'une tragédie dure plusieurs années. Au reste, chaque poëte fera des expériences à la suite desquelles il est possible que l'espace d'une année soit trouvé le terme moyen convenable. Si on prolongeait la tragédie beaucoup au delà, le héros de la fin ne serait plus l'homme du commencement. Napoléon affublé du manteau impérial en 1804 n'était plus le jeune général de 1796, qui cachait sa gloire sous la redingote grise, qui sera son costume dans la postérité.

5° C'est l'*art* qu'il faut dérober à Shakspeare, tout en comprenant que ce jeune ouvrier en laine gagna cinquante mille francs de rente en agissant sur des Anglais de l'an 1600, dans le sein desquels fermentaient déjà toutes les horreurs noires et plates qu'ils voyaient dans la Bible, et dont ils firent le puritanisme. Une bonne foi naïve et un peu bête*, un dévouement parfait, une sorte de difficulté à être ému par les petits incidents et à les comprendre, mais en revanche une grande constance dans l'émotion et une grande peur de l'enfer, séparent l'Anglais de 1600 des Français de 1825. C'est cependant à ceux-ci qu'il faut plaire, à ces êtres si fins, si légers, si susceptibles, toujours aux aguets, toujours en proie à une émotion fugitive, toujours incapables d'un sentiment profond. Ils ne croient à rien qu'à la mode, mais simulent toutes les convictions, non point par hypocrisie raisonnée comme le *cant* des hautes classes anglaises, mais seulement pour bien remplir leur rôle aux yeux du voisin.

Le major Bridgenort de *Pévéril du Peak*, dont le père avait vu Shakspeare, agit avec une bonne foi morose et sombre d'après des principes absurdes ; notre morale est à peu près parfaite, mais en revanche on ne trouve plus de dévouement sans bornes que dans les adresses insérées au *Moniteur*. Le parisien ne respecte que l'opinion de sa société de tous les jours, il n'est dévoué qu'à son ameublement d'acajou. Pour faire des drames romantiques (adaptés aux besoins de l'époque), il faut donc s'écarter beaucoup de la manière de Shakspeare, et par exemple ne pas tomber dans la tirade chez un peuple qui saisit tout à demi-mot et à ravir, tandis qu'il fallait expliquer les choses longuement et par beaucoup d'images fortes aux Anglais de l'an 1600.

6° Après avoir pris l'*art* dans Shakspeare, c'est à Grégoire de Tours, à Froissart, à Tite-Live, à la Bible, aux modernes Hellènes, que nous devons demander des sujets de tragédie. Quel sujet plus beau et plus touchant que la mort de Jésus ? Pourquoi n'a-t-on pas découvert les manuscrits de Sophocle et d'Homère seulement en l'an 1600, après la civilisation du siècle de Léon X ?

Madame du Hausset, Saint-Simon, Gourville, Dangeau, Bézenval, les Congrès, le Fanar de Constantinople, les histoires des Conclaves recueillies par Gregorio Leti, nous donneront cent sujets de comédie.

7° On nous dit : *le vers est le beau idéal de l'expression ;* une pensée étant donnée, le vers est la manière *la plus belle* de la rendre, la manière dont elle fera le plus d'effet.

OUI, pour la satire, pour l'épigramme, pour la comédie satirique, pour le poëme épique, pour la tragédie mythologique telle que *Phèdre, Iphigénie,* etc.

NON, dès qu'il s'agit de cette tragédie qui tire ses effets de la peinture exacte des mouvements de l'âme et des incidents de la vie des modernes. La pensée ou le sentiment doivent *avant tout* être énoncés avec clarté dans le genre dramatique, en cela l'opposé du poème épique. *The table is full,* s'écrie Macbeth frissonnant de terreur quand il voit l'ombre de ce Banco, qu'il vient de faire assassiner il y a une heure, prendre à la table royale la place qui est réservée à lui le roi Macbeth. Quel vers, quel rhythme, peut ajouter à la beauté d'un tel mot ?

C'est le cri du cœur, et le cri du cœur n'admet pas d'inversion. Est-ce comme faisant partie d'un alexandrin que nous admirons le *Soyons amis, Cinna ;* ou le mot d'Hermione à Pyrrhus : *Qui te l'a dit ?*

Remarquez qu'il faut exactement ces mots-là, et non pas d'autres. Lorsque la mesure du vers n'admet pas le mot précis dont se servirait l'homme passionné, que font nos poëtes d'Académie ? Ils trahissent la passion pour le vers alexandrin. Peu d'hommes, surtout à dix-huit ans, connaissent assez bien les passions pour s'écrier : *Voilà le mot propre que vous négligez. Celui que vous employez n'est qu'un froid synonyme ;* tandis que le plus sot du parterre sait fort bien ce qui fait un joli vers. Il sait encore mieux (car dans une monarchie on met à cela toute sa vanité) quel mot est du *langage noble*, et quel n'en est pas.

Ici la délicatesse du théâtre français est allée bien au delà de la nature : un roi arrivant la nuit dans une maison ennemie dit à son confident : Quelle heure est-il ? Eh bien, l'auteur du *Cid d'Andalousie* n'a pas osé faire répondre : Sire, il est minuit. Cet homme d'esprit a eu le courage (le faire deux vers :

> La tour de Saint-Marcos, près de cette demeure,
> A, comme vous passiez, sonné la douzième heure.

Je développerai ailleurs la théorie dont voici le simple énoncé : le vers est destiné à rassembler en un foyer, à force d'ellipses, d'inversions, d'alliances de mots, etc., etc. (brillants priviléges de la poésie), les raisons de sentir une beauté de la nature : or dans le genre dramatique ce sont les *scènes précédentes* qui donnent tout son effet au mot que nous entendons prononcer dans la scène actuelle. Par exemple : *Connais-tu la main de Rutile ?* Lord Byron approuvait cette distinction.

Le personnage tombe à n'être plus qu'un rhéteur *dont je me méfie* pour peu que j'aie d'expérience de la vie, si par la poésie d'expression il cherche à ajouter à la force de ce qu'll dit.

La première condition du drame, c'est que l'action se passe dans une salle dont un des murs a été enlevé par la baguette magique de Melpomêne, et remplacé par le parterre. Les personnages ne savent pas qu'il y a un public. Quel est le confident qui, dans un moment de péril, s'aviserait de ne pas répondre nettement à son roi qui lui dit *quelle heure est-il ?* Dès l'instant qu'il y a concession apparente au public, il n'y a plus de personnages dramatiques. Je ne vois que des rapsodes récitant un poëme épique plus ou moins beau. En français l'empire du *rhythme* ou du vers ne commence que là où *l'inversion est permise*.

Cette note deviendrait un volume si j'essayais d'aller au-devant de toutes les absurdités que les pauvres versificateurs, craignant pour leur considération dans le monde, prêtent chaque matin aux romantiques. Les classiques sont en possession des théâtres et de toutes les places littéraires salariées par le gouvernement. Les jeunes gens ne sont admis à celles de ces places qui deviennent vacantes que sur la présentation des gens âgés *qui travaillent dans la même partie*. Le fanatisme est un titre. Tous les esprits serviles, toutes les petite ambitions de professorat, d'académie, de bibliothèques, etc., *ont intérêt* à nous donner chaque matin des articles classiques ; et, par malheur, la déclamation dans tous les genres est l'éloquence de l'indifférence qui joue la foi brûlante.

Il est, du reste, assez plaisant qu'au moment où la réforme littéraire est représentée comme vaincue par tous les journaux, ils se croient cependant obligés à lui lancer, chaque matin, quelque nouvelle *niaiserie* qui, comme le *lord Falstaff, grand juge d'Angleterre,* nous amuse pendant le reste de la journée. Cette conduite n'a-t-elle pas l'air du commencement d'une déroute ?

* Voir la diatribe de M. Martin contre les expériences de notre célèbre Magendie. CHAMBRE DES COMMUNES, séance du 24 février 1825.

LETTRE IX

Le Classique au Romantique.

Paris, le 3 mai 1824.

S AVEZ-VOUS, monsieur, que je ne trouve pas dans mes souvenirs que depuis bien des années il me soit arrivé d'écrire en un jour quatre lettres pour la même affaire.

Je vous l'avouerai, je suis touché de votre profond respect pour Racine, mais touché sensiblement. Je croyais non pas vous, monsieur, mais le parti romantique injuste, et, si j'ose le dire, insolent envers ce grand homme ; il me semblait voir ce parti

> Burlesquement roidir ses petits bras
> Pour étouffer si haute renommée.
> LEBRUN.

Je trouvais drôle que plusieurs gens d'esprit s'imaginassent donner au public une théorie (car vous m'avouerez que votre romantisme n'est qu'une théorie) au moyen de laquelle on est sûr d'avoir des chefs-d'œuvre. Je vois avec plaisir que vous ne croyez pas qu'un système dramatique quelconque soit capable de créer des têtes comme celles de Molière ou de Racine. Assurément, monsieur, je n'approuve pas votre théorie, mais enfin je crois la comprendre. Il me reste toutefois bien des obscurités et bien des questions à vous faire. Par exemple, quel serait, suivant vous, le point extrême du succès du genre romantique ? Faut-il absolument que je m'accoutume à ces héros repoussés d'avance par le législateur du Parnasse,

> Enfants au premier acte, et barbons au dernier ?

Je suppose un instant que les bonnes traditions s'éteignent, que le bon goût disparaisse, en un mot, que tout vous réussisse à souhait, et que le grand acteur qui succédera à Talma veuille bien, dans vingt ans d'ici, jouer votre tragédie en prose, intitulée la *Mort de Henri III*. Quel sera, dans votre idée, le point extrême de cette révolution ? Oubliez avec moi toute prudence jésuitique, soyez franc dans vos paroles comme l'*Hostpur* de votre Shakspeare, dont, à propos, je suis fort content.

Je suis, etc.

LETTRE X

Le Romantique au Classique.

Andilly, le 3 mai 1824

Monsieur,

S I nous revenons au monde vers l'an 1864, nous trouverons affiché aux coins des rues :

LE RETOUR DE L'ILE D'ELBE,
Tragédie en cinq actes et en prose.

À cette époque, la figure colossale de Napoléon aura fait oublier pour quelques siècles les César, les Frédéric, etc. Le premier acte de la tragédie, qui mettra sous les yeux des Français l'action la plus étonnante de l'histoire, doit être évidemment à l'île d'Elbe, le jour de l'embarquement. On voit Napoléon impatient du repos et songeant à la France : « La fortune me servit au retour d'Égypte sur cette même mer qui entoure ma patrie ; m'aurait-elle abandonné ? » Ici il s'interrompt pour observer avec sa longue-vue une frégate à pavillon blanc qui s'éloigne. Arrive un auditeur déguisé qui lui apporte les derniers numéros de la *Quotidienne*. Un courrier de Vienne venu en six jours lui dit qu'on va le transporter à Sainte-Hélène, et tombe de fatigue à ses pieds. Napoléon prend son parti, il ordonne le départ. On voit les grenadiers s'embarquer ; on les entend chanter sur le brick l'*Actif*. Un habitant de l'île d'Elbe s'étonne ; un espion anglais achève de s'enivrer et tombe sous la table au lieu de faire son signal. Un assassin, qui arrivait déguisé en prêtre, jure et maudit Dieu de ne pouvoir gagner le million promis.

Le second acte doit se passer près de Grenoble, à Lafrey, sur le bord du lac, et montrer la séduction du premier bataillon du 7e léger que le général Marchant avait envoyé pour barrer la route étroite pratiquée entre la montagne et le lac.

Le troisième acte est à Lyon : Napoléon oublie déjà ses idées raisonnables et populaires ; il se remet à faire des nobles ; le danger passé, il se réenivre des jouissances du despotisme.

Au quatrième acte, on le voit au Champ de Mars avec ses frères en habit de satin blanc et son *acte additionnel*.

Le cinquième acte est à Waterloo, et la dernière scène du cinquième acte à l'arrivée sur le roc de Sainte-Hélène avec la *vision* prophétique des six années de tourments, de vexations basses et d'assassinats à coups d'épingles, exécutés par sir Hudson Lowe. Il y a un beau contraste entre le jeune Dumoulin, qui, à Grenoble, au premier acte, se dévoue à Napoléon, et le général impassible qui, à Sainte-Hélène, dans l'espoir d'un cordon de seconde classe, entreprend de le faire mourir à petit feu, et sans qu'on puisse accuser son maître d'empoisonnement.

Autre contraste entre des personnages du second ordre : M. Benjamin Constant plaidant la cause d'une constitution raisonnable aux Tuileries avec Napoléon, qui se montre franchement despote, traite la France comme son domaine, ne parle que *de son intérêt propre* à lui, Bonaparte, et trois mois après M. le comte de Las-Cases déplorant, dans l'amertume et la sincérité de son cœur de chambellan, que l'Empereur ait été sur le point de se trouver dans le cas d'ouvrir une porte *lui-même.*

Voilà évidemment une belle tragédie ; il ne manque plus que cinquante ans d'intervalle et du génie pour la faire. Elle est belle, parce que c'est un seul événement. Qui pourrait le nier ?

Une nation, sans résolution pour entreprendre de .... mieux .... un grand homme par ses .... Le grand homme a le courage de hasarder : il réussit ; mais, entraîné par l'amour de la fausse gloire et des habits de satin, il trompe cette nation, il tombe. Un bourreau s'empare de lui. Voilà une haute leçon ; la nation a des torts : le grand homme aussi a les siens.

Je dis qu'un tel spectacle est touchant, qu'un tel plaisir dramatique est possible ; que cela vaut mieux sur le théâtre qu'en épopée ; qu'un spectateur non hébété par l'étude des la Harpe ne songera nullement à se tenir pour choqué des sept mois de temps et des cinq milles lieues d'espace qui sont nécessaires.

Je suis avec respect, etc.

PROTESTATION

Personne plus que moi ne tient que la vie privée des citoyens doit être *murée* ; ce n'est qu'à cette condition que nous pouvons être dignes de la liberté de la presse. Je me serai bien écarté du dessein de cet ouvrage s'il m'est arrivé de me moquer d'autre chose que des prétentions ridicules des rhéteurs antiromantiques. Si l'Académie n'avait pas jugé à propos de proscrire le romantisme d'un ton de supériorité et de suffisance qui ne convient à personne en parlant au public, j'aurais toujours respecté cette institution surannée.

Malgré tout le besoin que j'en avais, j'ai dédaigné l'esprit que je n'aurais pu obtenir qu'à l'aide d'allusions malignes aux accidents de la vie privée ; et cependant la meilleure partie de l'esprit de nos académiciens ne se compose, dit-on, que d'anecdotes scandaleuses sur le caractère de leurs prédécesseurs.

FIN

I

QU'EST-CE QUE
LE ROMANTICISME ?
DIT M. LONDONIO[1]

..... Quis aut Eurysthea durum,
Aut illaudati nescit Busiridis aras[2] ?
Georgiques, liv. III.

FAITS PRÉLIMINAIRES

Q UAND on passe sa vie entre les bras d'une femme, tout semble *obscur*. L'Italien veut être heureux par l'amour *moral,* ou du moins *physique,* à défaut du *moral* ; le Français par l'*amour-*

propre. Il n'est pas de jeune homme français qui ne lise attentivement cinquante volumes par an. Il est honteux parmi eux de ne pas connaître les dix ou douze *auteurs français*, qu'ils appellent classiques ; comme Corneille, Montesquieu, Racine, Rousseau, Buffon, la Bruyère, Fénelon, Molière, et Laharpe, qui les juge. La plupart de Français, gens du monde (*viventi di entrata*[3]), connaissent aussi fort bien les auteurs du second ordre : Marmontel, Duclos, Raynal, d'Alembert, etc., etc.

Les Français sont donc infiniment plus instruits que les Italiens. Le défaut des premiers est d'être trop classiques ; personne n'ose combattre Laharpe.

QU'EST-CE QUE LE ROMANTICISME ?

Cosa è dunque quel romanticismo, intorno al quale tanti parlano, nella nostra Italia ? In questa guerra, io ho divisato meco medesimo, di fare una riconoscenza militare sopra la posizione delle due armate. Il pubblico Lombardo si trova a una delle *ale* della battaglia e forse non ha piena conoscenza di quel che si passa al centro.

D'ailleurs plusieurs gens d'esprit ont pris la plume dernièrement pour combattre la théorie romantique, sans se donner la peine d'étudier le moins du monde la question. Voici des idées traduites de l'allemand, du professeur Wieland, qui j'espère, ne sont pas *vagues* et auxquelles je défie de répondre catégoriquement.

M. Dussault de Paris, ancien ami du célèbre Camille Desmoulins, alors jeune homme plein d'idées généreuses, aujourd'hui *Ultrà* décidé, bibliothécaire du comte d'Artois, ennemi juré de tout ce qui est nouveau, et l'un des rédacteurs du *Journal des Débats*, est le *général en chef* du parti classique. Il a pour armée les deux tiers des membres de l'Académie française, tous les journalistes français, même les journalistes libéraux, et tous les écrivains sans génie. Lemercier et Benjamin Constant osent seuls n'être pas tout à fait de l'avis de M. Dussault, mais ils tremblent.

L'ennemi auquel M. Dussault se trouve opposé et qu'il ne nomme pas, pour ne pas faire connaître un adversaire aussi redoutable, c'est l'*Edinburgh-Review*, journal qui se tire à douze mille exemplaires et qu'on lit de Stockholm à Calcutta. Ce journal, qui paraît tous les trois mois, donne des extraits des meilleurs ouvrages qui voient le jour en Italie, en France, en Allemagne et dans les Indes anglaises[4]. C'est dans ces extraits, et à mesure du besoin, que les rédacteurs exposent la *théorie romantique*, qui n'est autre que celle qui a servi de poétique à Homère, à Sophocle, au Dante à l'Arioste et au Tasse.

M. Schlegel, que beaucoup de gens, en Lombardie, prennent pour le chef des *romantiques*, est un homme plein de préjugés qui, parce qu'il a su bien traduire, s'imagine penser, et dont l'*Edinburgh-Review* a tourné en ridicule les systèmes. (Voir les n° 50 et 51.)

On voit que pour nous autres Italiens nous devrions être, en général, du parti du Dante et de l'Arioste. Le seul auteur que nous avons dans le genre classique, encore a-t-il plusieurs choses du romantique, c'est Alfieri. D'un autre côté, il n'y a rien de plus romantique au monde que la *Mascheroniana* et la *Basvigliana*[5], poëmes évidemment fondés sur nos mœurs et nos croyances, et où l'antique n'est imité que pour quelques expressions heureuses. Pindemonte, l'un de nos grands poëtes, a fait avec succès des tragédies romantiques.

Je respecte le temps de mes lecteurs ; j'ai toujours devant les yeux qu'ils aiment mieux aller voir leur maîtresse, admirer le sublime ballet d'*Otello*, ou entendre les voix divines qui charment nos oreilles et savent si bien le chemin de nos cœurs[6], que perdre leur temps à lire une froide dispute sur le *romanticisme*. Je resserre donc le plus possible l'expression de mes idées ; j'espère n'être pas obscur, mais seulement *bref*.

L'Allemagne, l'Angleterre et l'Espagne, sont entièrement et pleinement *romantiques*. Il en est autrement en France. La dispute est entre M. Dussault et l'*Edinburgh-Review*, entre Racine et Shakspeare, entre Boileau et lord Byron.

C'est un *combat à mort*. Racine met toujours en récit pompeux et emphatique ce que Shakspeare se borne à mettre sous nos yeux. Si le poëte anglais l'emporte, Racine est enterré comme ennuyeux, et tous les petits tragiques français le suivent dans sa tombe.

Par exemple, je défie tous les classiques du monde de tirer de tout Racine un ballet comme le sublime ballet d'*Otello*.

Voltaire a été combattu par les *Fréron* et les *Desfontaines*, comme étant romantique. Voyez la rapidité de notre victoire : aujourd'hui nous citons Voltaire en exemple du genre classique. Sa *Zaïre* n'est qu'une copie maigre, décolorée et surtout romanesque, du terrible More de Venise.

« Mais quoi ! disent les partisans du genre classique, vous voulez que je puisse supporter un *Macbeth*, dont la première scene est une plaine déserte, voisine d'un champ de bataille, et dont la seconde saute tout à coup à la cour du roi d'Écosse Duncan ? »

Je leur réponds : « Voyez-vous dans cette forêt antique ce vieux chêne qui, né par hasard, sous un roc qui l'empêchait de s'élancer directement vers le ciel, a fait avec sa tige, le tour du rocher qui l'opprimait et maintenant, espoir du marin, offre dans son tronc une courbe énorme, propre à défendre les flancs d'un vaisseau. »

Les poétiques qu'on vous a fait apprendre *par cœur*, au collège, sont le dur rocher qui a opprimé votre esprit naturel, et vous, vous êtes le chêne vigoureux, mais dont le tronc est faussé.

Vos fils, élevés sous l'empire de doctrines plus raisonnables, n'auront plus ces mauvaises habitudes. Répondez catégoriquement aux raisons suivantes ; je vais attaquer, sans perdre de temps en circonlocutions et préparations, ce qui est réputé le plus fort et le plus sacré dans vos arguments : le *pallàdium* du genre classique.

DES UNITÉS DE TEMPS ET DE LIEU

La nécessité d'observer les unités de *temps* et de *lieu* découle de la prétendue nécessité de rendre le drame *croyable*. Les critiques du dernier siècle (*i critici antiquati*) tiennent pour impossible qu'une action qui dure plusieurs mois puisse être crue se passer en trois heures. « Il est impossible, disent-ils, que le spectateur puisse supposer qu'il est assis sur les banquettes d'un théâtre pendant que les ambassadeurs que des rois éloignés s'envoient entre eux partent de la cour de leur maître, arrivent à la cour de son ennemi et retournent dans leur patrie ; pendant que des armées sont levées et vont assiéger des villes qu'on leur voit prendre ; pendant qu'un exilé est chassé de sa patrie, se révolte contre elle, trouve des partisans et y retourne à main armée ; ou jusqu'à ce que le jeune homme que le spectateur, au premier acte, a vu faisant la cour à sa maîtresse, pleure la mort prématurée de son fils. L'esprit est révolté, continuent-ils, d'une fausseté trop évidente, et la fiction perd toute sa force quand elle s'éloigne à ce point de la ressemblance à la réalité.

« Le spectateur qui sait qu'il a vu le premier acte à Alexandrie[Z] ne peut pas supposer qu'il voit le second acte à Rome ; c'est-à-dire à une distance à laquelle tout le pouvoir d'Armide aurait eu peine à le transporter en aussi peu de temps. Le spectateur sait avec certitude que sa banquette n'a pas changé de place ; il sait également que le plancher élevé qui est sous ses yeux et qu'on appelle *palco scenico* et qui, il n'y a qu'un instant, était la place de Saint-Marc à Venise, ne peut pas être cinq minutes après la ville de Loango, en Chine. »

Tel est le langage triomphant de toutes les poétiques imprimées par des pédants, avant le règne de la philosophie. Il est temps de rabattre leur orgueil et de crier à tous ces critiques surannés que ce qu'ils avancent avec confiance, comme un principe incontestable, est une assertion, qui tandis que leur langue est occupée à la prononcer, est démentie par leur conscience intime et par leur propre cœur.

Il est faux qu'aucune représentation soit jamais prise pour la réalité ; *il est faux* qu'aucune fable dramatique ait jamais été matériellement croyable, ou ait jamais été crue réelle *pendant une seule minute.*

L'objection que les pédants tirent de l'impossibilité de passer la première heure à Alexandrie d'Égypte et la seconde à Rome suppose que quand le *Sipario* se lève le spectateur se croit réellement à Alexandrie et imagine que la course de son carrosse, qui l'a conduit de chez lui au théâtre, a été un voyage en Égypte, et qu'il vit du temps d'Antoine et de Cléopâtre. Certes, l'imagination qui aurait fait ce premier effort pourrait en faire un second ; l'homme qui, à huit heures du soir, peut prendre le théâtre pour le palais des Ptolomées peut aussi le prendre une heure après pour le promontoire d'Actium ; l'illusion, si vous voulez admettre l'illusion, n'a pas de limites certaines. Si le spectateur peut être persuadé une fois que tel acteur, son ancienne connaissance, est Don Carlos ou Abel, qu'une salle éclairée avec des quinquets est le palais de Philippe II ou la caverne d'Abel, il est dans un tel état d'extase, son sentiment actuel l'élève tellement hors de la portée de la raison et de la froide vérité, que des hauteurs qu'habite son âme il peut mépriser toutes les impossibilités de la nature terrestre. Il n'y a pas de raison pour qu'une âme voyageant ainsi dans les régions de l'extase compte les heures qui frappent à l'horloge, et l'on m'avouera qu'une heure peut sembler un siècle à l'homme qui a pu prendre un théâtre pour un champ de bataille.

La vérité est que nous n'avons pas le bonheur de trouver au théâtre un tel degré d'extase. Alors quel puissant remède serait le théâtre pour les peines de l'âme ! Le spectateur est assez froid quand il commence à goûter le plaisir d'une belle tragédie. Les spectateurs sont toujours dans leur bon sens, et savent fort bien, depuis le premier acte jusqu'au dernier, que le théâtre est seulement un théâtre, et que les comédiens sont seulement des comédiens. Ils savent fort bien que la Marchioni est la Marchioni, et que Blanès est Blanès. Ils viennent au théâtre pour écouter un certain nombre de vers de l'immortel Alfieri, récités avec des gestes parfaitement analogues *ai sentimenti che esprimono* et un ton de voix agréable. Ces vers ont rapport à un fait quelconque, et un fait doit se passer quelque part ; mais les différentes occurrences dont la réunion complète le drame peuvent se passer en des lieux très-éloignés l'un de l'autre. Et, je vous prie, où est l'absurdité d'accorder que cette salle représente d'abord la place de Saint-Marc à Venise et ensuite l'île de Chypre, si cette salle a toujours été connue pour n'être ni la place de Saint-Marc, ni l'île de Chypre ; mais bien le théâtre de la *Cannobiana* ?

Quant au *temps*, il s'écoule dans les entr'actes, et pour la partie de l'action qui est effectivement mise sous les yeux du spectateur, la durée poétique et la durée réelle sont *absolument les mêmes*.

Le contraire serait absurde. Si dans le premier acte on voit faire à Rome des préparatifs pour la guerre contre Mithridate, au cinquième acte la conclusion de la guerre peut être représentée, sans absurdité, comme arrivant dans le *Pont*. Nous savons fort bien qu'il n'y a ni guerre, ni préparatifs de guerre, nous savons fort bien que nous ne sommes ni à Rome ni dans le royaume de *Pont*, que nous n'avons devant nous ni Mithridate ni Lucullus.

La tragédie nous offre des imitations d'actions successives. Pourquoi la seconde imitation ne peut-elle pas représenter une action de beaucoup postérieure à la première, si cette seconde action est liée de telle manière avec l'autre, qu'elle n'en soit séparée par *aucune autre chose* que par l'intervalle du temps ? le temps qui, de toutes les choses de ce monde, est celle qui se prête le plus à l'imagination ; un intervalle de plusieurs années passe aussi vite, pour l'imagination, qu'une suite de quelques heures.

Dans nos réflexions sur les événements de notre vie, il nous arrive sans cesse de sauter par-dessus les intervalles de temps ; nous pensons à partir pour Venise ; puis, sur-le-champ, nous nous voyons à Venise. Dans les imitations des actions de la vie, nous permettons facilement qu'on demande à notre imagination un genre d'effort auquel elle *est si fort accoutumée.*

Mais, dira-t-on, comment une tragédie peut-elle émouvoir si elle ne produit pas d'illusion ? — Elle fait toute l'illusion nécessaire à la tragédie. Quand elle émeut, elle fait illusion, comme une peinture exacte d'un original réel ; elle fait illusion comme représentant à l'auditeur ce qu'il aurait senti lui-même si les choses qu'il voit se passer sur la scène lui étaient arrivées. La réflexion qui touche le cœur n'est pas que *les maux qu'on étale* sous nos *yeux sont des maux réels*, mais bien que ce sont des maux auxquels *nous-mêmes nous pouvons être exposés*. S'il y a quelque illusion dans nos cœurs, ce n'est pas d'imaginer que les comédiens sont malheureux, mais bien d'imaginer que nous-mêmes sommes malheureux pour un instant. Nous nous attristons pour la possibilité des malheurs plutôt que nous ne supposons la présence actuelle des malheurs. C'est ainsi qu'une mère pleure sur le jeune enfant, qu'elle tient dans ses bras quand elle vient à songer qu'il est possible que la mort le lui enlève. Le plaisir de la tragédie procède de ce que nous savons bien que c'est une fiction ; ou, pour mieux dire, l'illusion, sans cesse détruite, renaît sans cesse. Si nous arrivions à croire un moment les meurtres et les trahisons réels, ils cesseraient à l'instant de nous causer du plaisir.

Les imitations des arts produisent de la peine ou du plaisir, non pas parce qu'on les prend pour des *réalités*, comme disent les *auteurs surannés*, mais parce qu'elles présentent vivement à l'âme des réalités. Quand notre imagination est égayée (rallegrata) et rafraîchie par un beau paysage de Claude Lorrain, ce n'est pas que nous supposions les arbres que nous voyons capables de nous donner de l'ombre, ou que nous songions à puiser de l'eau à ces fontaines si limpides ; mais nous nous *figurons vivement* le plaisir que nous aurions à nous promener auprès de ces fraîches fontaines et à l'ombre de ces beaux arbres, balançant leurs rameaux au-dessus de nos têtes. Nous sommes agités en lisant l'histoire de Charles VIII ; cependant aucun de nous ne prend son livre pour le champ de bataille de Fornova.

Un ouvrage dramatique est un livre récité avec des accompagnements qui accroissent ou diminuent son effet. L'aimable comédie en fait davantage au théâtre que lue dans la solitude. Il en est tout autrement de la noble tragédie. Le malheur comique de l'*Ajo nell'imbarazzo*, quand il est surpris par son sévère patron, tenant l'enfant dans ses bras, peut être augmenté par les lazzi de l'excellent Vestri ; mais quelle voix ou quels gestes peuvent espérer d'ajouter de la dignité ou de la force aux reproches sanglants que le noble Timoléon adresse au tyran Timophane ?

Un drame lu affecte l'âme de la même manière qu'un drame joué. Par là, il est évident (autant, que les choses morales peuvent être évidentes) que le spectateur ne croit pas que l'action soit *réelle*. Il suit de là que l'on peut supposer qu'un plus ou moins long espace de temps s'écoule entre les actes ; il suit encore de là que le spectateur d'un drame, quand il n'a pas été élevé dans un collegio antiquato, ne s'inquiète guère plus du lieu ou de la durée de l'action que le lecteur d'une narration, lequel, en deux heures de temps, lit fort bien toute une vie de Plutarque[8]. Quoi ! vous vous êtes accoutumé à entendre parler en *vers* César et Marie Stuart ; vous voyez, sans en être choqué, une actrice dans les coulisses faire des mines aux loges, et un homme libre de préjugés ne pourrait s'accoutumer à voir Othello au premier acte à Venise et au second acte dans l'île de Chypre ? Si, pour un instant, cette illusion dont vous parlez sans la connaître existait au théâtre, la tragédie la moins ensanglantée deviendrait *horrible,* et tout le plaisir que donne l'art ou la perfection de l'imitation disparaîtrait.

Vous reste-t-il encore quelques doutes sur la prétendue *illusion complète* des classiques ? La voici attaquée en d'autres termes : (*Traducete le pagine 138 et seguenti di Marmontel*, t. IV : « Dans les arts d'imitation, la... »

Traducete, se vi basta il cuore, sino alla pagina 150 alla parola : « ... parmi le peuple. ») Chacun de ces genres de spectacle trouve ses partisans. Au milieu de tout cela sort une maxime frappante de vérité, c'est que :

Un homme sensé n'a jamais le vain orgueil de vouloir donner ses habitudes pour règle à celles des autres.

Croyez-vous que les Anglais, calculateurs et commerçants par essence, aient plus d'imagination que nous, les habitants du plus beau climat de l'univers ? Et cependant c'est sans la moindre peine que, dans la sublime tragédie de *Cimbelyne*, ils voient la scène tantôt à Rome, tantôt à Londres.

Lorsque deux parties d'un même événement se passent forcément et en même temps, l'une à Rome et l'autre dans la capitale des Volsques, vous vous interdisez donc de faire de cet événement une tragédie ! Voyez le *Coriolan* du poëte classique Laharpe et le *Coriolan* de Shakspeare.

Eh quoi ! un poëte étranger a osé faire jouer son *Christophe Colomb*[9] :

Au premier acte, dans la solitude philosophique de son cabinet, Colomb, qui passe pour fou aux yeux de sa famille et de ses amis, conclut de ses observations astronomiques et géodésiques qu'il doit y avoir une Amérique.

Au second acte, il est à la cour de Philippe, en butte aux hauteurs méprisantes des courtisans, qui lèvent les épaules en le voyant passer, et protégé par la seule Isabelle, reine d'Espagne.

Au troisième, il est sur son vaisseau, voguant au milieu des mers inconnues et dangereuses. Le découragement le plus profond règne à son bord ; on conspire contre lui, on est prêt à le mettre aux fers et à tourner la proue vers l'Europe, quand un matelot monté sur le grand mât s'écrie : *Terre ! terre !*

Cette suite d'actions de l'un des plus grands de nos compatriotes, oserez-vous la remplacer par de froids récits ? Qui les fera, ces récits ? Qui les écoutera ? Et surtout quelle confiance un homme sensé a-t-il à un récit ? Dans un récit, on me dicte mes sensations ; ainsi le poëte ne peut toucher qu'une classe d'auditeurs. Quand, au contraire, nous voyons un fait se passer sur le théâtre, chacun de nous en est touché à *sa manière*, le bilieux d'une façon, le flegmatique d'une autre. Par là, la tragédie s'empare d'une partie des avantages de la musique. Supposez Racine ou Alfieri traitant le sujet de Christophe Colomb, et nos yeux seront privés du spectacle le plus intéressant et le plus moral : *Un grand homme luttant contre la médiocrité qui veut l'étouffer*

Homme froid ! voyez le succès d'une telle pièce dans un de nos ports de mer, à Livourne, par exemple, devant un auditoire composé de jeunes officiers de marine, l'espoir de l'Italie !

Quelles semences de grandes actions vous jetez dans ces cœurs en leur faisant voir le généreux Colomb, méprisant les clameurs de son équipage prêt à le massacrer ! Et c'est de tels effets que votre théorie étroite et surannée voudrait nous priver !

Mais voyez toute l'Allemagne frémir et pleurer aux tragédies de l'immortel Schiller ! Voyez l'Espagne glacée d'horreur à la vue de ce que la malheureuse Numance veut bien souffrir pour l'indépendance nationale[10]. Voyez l'Angleterre et les États-Unis d'Amérique ; voyez vingt millions d'hommes enivrés des sublimes beautés de Shakspeare !

Nous seuls, nous repousserions des plaisirs entraînants *uniquement pour vouloir imiter les Français,* uniquement par respect pour Alfieri, qui a imité, sans le savoir, les Français, parce que, lorsqu'il se mit à faire des tragédies, c'était le seul théâtre qu'il connût. *Cosi noi pagheremo il fio dell'ignoranza del Alfieri.* S'il eût fait de bonnes études ; si à seize ans il eût connu, comme nous, son Virgile et son Sophocle, à trente il eût méprisé la *lettre* de la loi et se fût élevé à son *esprit* ; à trente il eût voulu être pour son siècle ce que Sophocle fut pour le sien. Au lieu de cela, faisant ses études seulement, à trente ans, il respecta trop ce qui lui donnait tant de peine à apprendre. Il fut *timide* avec les anciens, et par là ne les *comprit* jamais. Au lieu d'imiter Racine, il eût imité Eschyle. Imitons les Français si nos pédants et Alfieri le veulent absolument, mais imitons-les comme le Dante a imité Virgile.

HISTOIRE DE LA POÉSIE[11]

Dans la discussion sur les *unités,* parlant à un public éclairé, j'ai resserré en vingt pages ce qu'un pédant eût allongé en deux cents. Je respecte trop le temps de mes lecteurs pour tomber dans un pareil défaut. Je vais donc encore supprimer toutes les idées intermédiaires ; je vais jeter un coup d'œil rapide sur l'histoire de la poésie.

Pour des âmes efféminées, pour des âmes rouillées par l'étude du grec et rapetissées par la vie monotone du cabinet, et qui ne peuvent souffrir un vers énergique si elles n'y reconnaissent à l'instant une imitation d'Homère ; pour de telles âmes, dis-je, la mâle poésie de Shakspeare, qui montre sans détours les malheurs de la vie, est physiquement insupportable.

Shakspeare, c'est-à-dire le héros de la poésie romantique, opposé à Racine, le dieu des classiques ; Shakspeare, dis-je, écrivait pour des âmes fortes, formées par les guerres civiles de la *Rose rouge* et de la *Rose blanche.*

Les cœurs anglais étaient alors ce que furent les nôtres vers l'an 1500, au sortir de ce sublime *moyen âge, questi tempi della virtù sconosciuta*, et les plus beaux de l'Italie. Nous étions des hommes alors ; nous applaudissions franchement à ce qui nous faisait plaisir. Maintenant nous nous laissons régler par des gens qui, sensibles à la seule vanité, loin d'exposer leurs âmes à toutes les passions, passent froidement leur vie à commenter de vieux auteurs. Ces âmes MORTES ont l'excessive prétention de nous dicter orgueilleusement, à nous, âmes VIVANTES, ce que nous devons aimer ou haïr, siffler ou applaudir ; à nous, qui avons senti tant de fois l'amour, la haine, la jalousie, l'ambition, etc., tandis que les érudits n'ont senti que la petite vanité littéraire, la plus *rapetissante*, la plus vile, peut-être, des passions humaines.

Le peuple, qui va applaudir franchement à la *Stadera* ce qui le fait rire ou pleurer, est plus près du bon goût que nous, qui avons eu l'âme faussée par le précepteur *di Casa*.

Malgré les pédants, l'Allemagne et l'Angleterre l'emporteront sur la France ; Shakspeare, Schiller et lord Byron l'emportent sur Racine et Boileau. La dernière révolution, a secoué nos âmes. Toujours les arts font de grands progrès dans le premier moment de repos *réel* qui suit les convulsions politiques. Les pédants peuvent nous retarder de dix ans ; mais, dans dix ans, c'est nous, *ignorants en livres*, mais savants en *actions* et en émotions, c'est nous, qui n'avons pas lu Homère en grec, mais qui avons assiégé Tarragone et Girone, c'est nous qui serons à la tête de toutes choses.

Les jouissances que les Italiens demandent aux arts vont revenir sous nos yeux presque ce qu'elles étaient chez nos belliqueux ancêtres, du temps de l'archevêque Visconti, lorsque Milan toucha à la couronne d'Italie, lorsque nos ancêtres commencèrent à songer aux arts ; vivant entourés de dangers, leurs passions étaient impétueuses, leur sympathie et leur sensibilité dures à émouvoir ; leur poésie peint l'action des désirs violents. C'était ce qui les frappait dans la vie réelle, et rien de moins fort n'aurait pu faire impression sur des naturels si rudes.

La civilisation fit un pas, et les hommes rougirent de la véhémence non déguisée de leurs appétits primitifs.

On admira trop les merveilles de ce nouveau genre de vie. Il se forma des *cours*, dans lesquelles toute manifestation de sentiments profonds parut grossière[12].

D'abord on eut à la cour de Louis XIV les manières cérémonieuses des Espagnols. Et qu'on y prenne garde, ces manières espagnoles font encore, dans le Milanais, la politesse de nos vieillards. Bientôt après, sous Louis XV, des manières plus gaies et plus libres de tout sentiment réprimèrent et finirent par faire disparaître tout enthousiasme et toute énergie. Voilà où en était en France la haute société en 1780. Qu'on me pardonne si je parle de la France ; les antiromantiques, peut-être sans s'en douter, car ils sont bien innocents, veulent nous donner tous les préjugés de la France.

Racine a travaillé pour ce peuple, à demi étiolé déjà sous Louis XIV par le despotisme de Richelieu. Tous les gens éclairés savent ce que Richelieu avait fait contre les lettres par l'Académie française. Ce prince des despotes inventa une douzaine de ressorts aussi puissants pour ôter aux Français l'antique énergie des Gaulois, et couvrir de fleurs les chaînes qu'il leur imposa. Il fut défendu de peindre dans la tragédie les grands événements et les grandes passions ; et c'est Racine, le poëte d'une cour efféminée, esclave, et esclave adorant ses chaînes, que les pédants veulent imposer à toutes les nations, au lieu de souffrir que l'Italien fasse des tragédies italiennes, l'Anglais des tragédies anglaises, et l'Allemand des tragédies allemandes !

Car voici la théorie romantique : il faut que chaque peuple ait une littérature particulière et modelée sur son caractère particulier, comme chacun de nous porte un habit modelé pour sa taille particulière. Si nous citons

Shakspeare, ce n'est pas que nous voulions imposer Shakspeare à l'Italie. Loin de nous une telle idée. Le jour où nous aurons une tragédie vraiment nationale, nous renverserons Shakspeare et son élève Schiller. Mais, jusqu'à ce grand jour, je dis que Shakspeare nous donnera plus de plaisir que Racine ; je dis de plus que, pour parvenir à avoir une véritable *tragédie nationale italienne*, il faut marcher sur les traces de Shakspeare, et non sur celles de Racine. Je dis encore qu'Alfieri, ainsi que Racine, est un très-grand tragique, mais qu'il n'a fait qu'amaigrir, que *spolpare* encore le maigre système français, et qu'en un mot *nous n'avons pas encore la vraie tragédie italienne*. Mais revenons à l'histoire des révolutions de la poésie.

Comme le bois, léger débris des forêts, suit les ondes du torrent qui l'emporte aussi bien dans les cascades et les détours rapides de la montagne que dans la plaine, lorsqu'il est devenu fleuve tranquille et majestueux, tantôt haut, tantôt bas, mais toujours à la surface de l'onde ; de même la poésie suit les divers caractères que prend la civilisation des sociétés.

Il y a trente ans, nous étions étiolés par les douceurs d'une longue paix ; tout respirait l'opulence, la tranquillité. Le gouvernement vraiment admirable de Joseph II et du comte de Firmian redoublait pour nous les avantages du plus beau climat de l'univers.

Maintenant nous avons été rudement secoués par les horreurs de la guerre ; les jeunes Milanais sont allés chercher la mort sur les bords de la Moskowa ou sous les murs de Girone. Les braves qui ont échappé à tant de hasards sont revenus au milieu de nous. La présence de tant de jeunes officiers si braves et si aimables, refoulés dans les sociétés particulières, n'aura-t-elle aucune influence sur les habitudes de notre vie, sur nos goûts littéraires ? Nous ne sommes pas ce que nous étions il y a trente ans, le fait est clair, personne ne peut le nier. On voit l'activité extrême déployée dans le négoce, au barreau ; dans les professions utiles, l'activité, le travail, se sont mis en honneur. Mais les changements dans notre manière d'être n'ont pas encore eu le temps d'influer sur la poésie. Les peuples d'Italie n'ont pas encore joui de ces longs intervalles de repos pendant lesquels les nations demandent des sensations aux beaux-arts. Ils ont encore trop de curiosité pour la politique. Une chose que l'on ne peut pas nier, c'est que notre caractère est devenu plus marqué, plus fort ; il exigera donc des écrivains, avant de leur accorder de la gloire, qu'ils produisent des ouvrages qui ressemblent davantage au caractère national, et qui, par là, lui donnent des jouissances plus vives. Le public recevra avec froideur les ouvrages de tous les écrivains qui lisent du grec, mais qui n'auront pas su lire cette règle dans l'air que nous respirons.

Lisons nos futures annales dans l'histoire de ce qui arrive depuis trente ans chez les peuples voisins.

Je vais encore traduire l'*Edinburgh-Review*[13], et, je le répète aux antiromantiques, voilà leur véritable ennemi ; tant qu'ils ne l'auront pas terrassé, ils n'auront rien fait.

La poésie anglaise est devenue de nos jours, et depuis la Révolution française, plus *enthousiaste*, plus *grave*, plus *passionnée*. Il a fallu d'autres sujets que pour le siècle spirituel et frivole qui avait précédé. On est revenu à ces héros dont les grands caractères animèrent les poëmes énergiques des premiers et rudes inventeurs ; ou bien il a fallu aller chercher des hommes semblables parmi les sauvages et les barbares. Est-ce parmi les jeunes élégants de Paris que lord Byron aurait trouvé le caractère sombre de son *Giaour* et le caractère bien plus touchant de son *Corsaire* ?

Il fallait bien avoir recours aux siècles ou aux pays où l'on permettait aux premières classes de la société d'avoir des passions. Chez nos contemporains, ces premières classes sont souvent étiolées. Les classiques grecs et latins n'ont pas offert de ressource dans ce besoin des cœurs. La plupart appartiennent à une époque aussi artificielle et aussi éloignée de la représentation naïve des passions impétueuses que celle dont nous sortons. Il n'y avait guère plus de naturel dans les goûts à la cour d'Auguste qu'à celle de Louis XIV. D'ailleurs, ce n'est pas une littérature arrangée pour une *cour* qu'il nous faut, mais bien une littérature faite pour un *peuple* ; et il ne faut pas qu'elle soit arrangée pour un peuple qui offre des sacrifices à Jupiter, mais pour un peuple qui a peur de l'enfer ; cette dernière idée a fait la fortune du Dante.

Les poëtes qui ont réussi depuis vingt ans en Angleterre, non-seulement ont plus cherché les émotions profondes que ceux du dix-huitième siècle ; mais, pour y atteindre, ils ont traité des sujets qui auraient été dédaigneusement rejetés par l'âge du bel esprit.

Il est difficile que les antiromantiques nous fassent longtemps illusion sur ce que cherche le dix-neuvième siècle. Une soif croissante d'émotions fortes est son vrai caractère : or, on ne peut m'émouvoir fortement qu'avec des choses qui s'adressent à moi, Italien du dix-neuvième siècle, et non à un Romain du siècle d'Auguste, ou à un Français de Louis XIV. Où sont, parmi les ouvrages de nos pédants italiens, ceux qui ont sept éditions en deux mois, comme les poëmes romantiques qui paraissent en ce moment à Londres[14] ?

Voici une différence curieuse : on a revu en Angleterre les aventures qui animèrent la poésie des siècles grossiers ; mais il s'en faut bien que les personnages agissent et parlent, après leur résurrection, exactement comme à l'époque reculée de leur vie réelle et de leur première apparition dans les arts. On ne les produisait pas alors comme des objets singuliers, mais tout simplement comme des exemples de la *manière d'être ordinaire.*

Dans cette poésie primitive, nous avons plutôt les résultats que la peinture des passions fortes ; nous trouvons plutôt les événements qu'elles produisaient que le détail de leurs anxiétés et de leurs transports.

En lisant les chroniques du moyen âge, nous, les gens sensibles du dix-neuvième siècle, nous *supposons* ce qui a dû être senti par les héros ; nous leur prêtons généreusement une sensibilité aussi impossible chez eux que naturelle chez nous.

En faisant renaître les hommes de fer des siècles reculés, les poëtes anglais seraient allés contre leur objet si les passions ne se peignaient, dans leurs vers, que par les vestiges gigantesques d'actions énergiques ; c'est la *passion elle-même* dont nous avons soif. C'est donc très-probablement par une peinture exacte et enflammée du cœur humain que le dix-neuvième siècle se distinguera de tout ce qui l'a précédé.

Je sais que cette théorie paraît obscure à la partie la plus âgée du théâtre italien. Je le crois bien, le public sait par cœur Virgile, Racine, Alfieri, et à peine s'il connaît de nom les *Richard III*, les *Othello*, les *Hamlet*, les *Wallenstein*, les *Conjuration de Fiesque*, les *Philippe II* de Shakspeare et de Schiller. Les aveugles adversaires de la poésie romantique profitent, avec un orgueil assez sot, de cet avantage momentané. Il fait bon de plaider devant des juges qui ne peuvent encore entendre qu'une des parties. Mais l'impulsion est donnée, la vérité les emportera, et nous verrons naître la *tragédie italienne*.

Ce beau jour, nous proscrirons également, je le répète, de nos théâtres régénérés, la tragédie de Racine et la tragédie de Shakspeare. Ce jour-là nous reconnaîtrons qu'Alfieri est sublime, mais qu'au lieu de lire dans le cœur de sa nation, il a trop imité les Français, que, pourtant, il se vantait tant de haïr. Ce jour-là nous verrons que nous parviendrons enfin à peindre les *âmes italiennes* en étudiant profondément le moyen âge, qui a tant d'influence sur nous, et dont nous ne sommes qu'une continuation, et en exploitant le moyen âge à la *manière de Shakspeare et de Schiller.*

Je le répète : la poésie romantique est celle de Shakspeare, de Schiller et de lord Byron. Le combat à mort est entre le système tragique de Racine et celui de Shakspeare. Les deux armées ennemies sont les littérateurs français, conduits par M. Dussault et l'*Edinburgh-Review.* Au lieu de nous mettre si modestement à la queue des Français à cause d'Alfieri, nous ferions mieux d'être du parti du Dante, et je crois le Dante un bien plus grand homme qu'Alfieri.

Si quelque jeune homme, ne sachant pas le grec, veut être impartial dans la dispute, je l'invite à aller lire à Brera[15], en français, les tragédies suivantes de Shakspeare, *Othello,* la *Tempête,* le *Bon roi Lear, Hamlet, Macbeth, Richard III, Cymbeline,* la première partie de *Henri IV,* à cause du caractère si original de Falstaff, et, enfin, *Roméo et Juliette,* tragédie où ce divin Shakspeare a su peindre des cœurs italiens. Comparez *Roméo* aux amants d'Alfieri, et, si je ne me trompe, vous verrez qu'il l'emporte sur eux. Roméo sait parler le langage de l'amour italien.

On peut lire de Schiller : *la Conjuration de Fiesque, Philippe II,* qu'il est curieux de comparer à celui d'Alfieri, les *Voleurs,* l'*Amour* et *l'Intrigue, Marie Stuart,* les trois parties de *Wallenstein, Jeanne d'Arc, Guillaume Tell.*

Après s'être donné la peine de faire ces lectures, et seulement alors, on pourra prononcer en connaissance de cause.

Le rédacteur du présent écrit, fidèle au *principe romantique*, ne combat sous les étendards de personne ; il dit franchement sa propre pensée, sans s'inquiéter si elle blesse ou si elle ne blesse pas. Au reste, parmi des gens bien nés discutant une question littéraire, il est utile aux lettres qu'il y ait des adversaires très-animés, il est impossible qu'il y ait des ennemis. Il suffit de ne jamais rien dire de personnel ; l'homme qui se fâcherait prouverait qu'il a tort.

À quoi bon toutes ces disputes ? disent les gens de sang-froid, mais peu instruits.

Tout le monde connaît Giotto, l'ancien peintre de Florence ; ses ouvrages sont désagréables à voir. Si Giotto naissait aujourd'hui dans la patrie des Appiani et des Bossi, qui doute qu'il n'enfantât des chefs-d'œuvre comparables à ceux de Raphaël ?

Si l'expérience démontrait qu'après des tempêtes réitérées qui, à diverses époques, ont changé en désert la face d'un vaste terrain, il est une partie dans laquelle est toujours revenue fraîche et vigoureuse une végétation spontanée, tandis que les autres sont demeurées stériles, malgré toutes les peines du cultivateur, il faudrait avouer que ce sol est privilégié de la nature.

Les nations les plus célèbres ont une époque brillante, l'Italie en a quatre.

La Grèce vante l'âge de Périclès, la France le siècle de Louis XIV. L'Italie a la gloire de l'antique Étrurie, qui, avant la Grèce, cultiva les arts et la sagesse ; l'âge d'Auguste ; l'époque du fougueux Hildebrand, qui, sans un seul soldat, sut asservir l'Europe, alors toute militaire, et enfin le siècle de Léon X, qui en a civilisé toutes les parties, même l'Angleterre, si éloignée de nous.

L'Italie peut donc, non pas en vertu de vaines théories, mais *en vertu de l'expérience,* espérer que, dans toutes les routes où il a été donné à l'homme de recueillir de la gloire, elle sera toujours l'une des premières.

Nous avons pensé que le fondement de toute gloire durable est la *vérité*, et quoique le ciel ait été pour nous avare de talent, nous avons pensé que *in causâ veritatis omnis homo miles.*

Sur notre moyen âge, je dirai avec le célèbre Elphinstone, voyageur anglais :

« La niaiserie littéraire est un des symptômes d'un certain état de civilisation.

« Chez les nations qui jouissent de la liberté civile, tous les individus sont gênés par les lois, au moins jusqu'au point où cette gêne est nécessaire au maintien des droits de tous.

« Sous le despotisme, les hommes sont inégalement et imparfaitement protégés contre la violence, et soumis à l'injustice du tyran et de ses agents.

« Dans l'état d'indépendance, les individus ne sont ni gênés ni protégés par les lois, mais le caractère de l'homme prend un libre essor et développe toute son énergie. Le courage et le talent naissent de toutes parts, car l'un et l'autre se trouvent *nécessaires* à l'existence.

« Mieux vaut un sauvage à grandes qualités qui commet des crimes, qu'un esclave incapable de toute vertu. »

Nous pensons que c'est acheter un peu cher les beaux-arts, que de ne les obtenir qu'en même temps que des crimes. Ce qu'il y a de certain, c'est que l'Italie, en se civilisant vers l'an 1530, ou du moins en perdant les crimes qui nous font frémir dans l'histoire du moyen âge, perdit le feu qui créait les grands hommes. L'Italie aurait gagné pour sa gloire en étant engloutie dans la mer le 22 octobre 1530, jour où la liberté expira à Florence.

L'imagination peut s'amuser à suivre un instant le roman de la gloire. Où ne fût pas montée l'Italie, si l'invention de l'imprimerie eût précédé de deux cents ans le siècle de Pétrarque et la découverte des manuscrits ? Alors l'Italie, dans toute la sève de la jeunesse, n'eût pas été empoisonnée par les pédants grecs, chassés de Constantinople ; nous serions riches de mille chefs-d'œuvre moulés sur notre caractère, bien véritablement faits pour nous, et non pas pour les Grecs ou pour les Français, et au lieu de recevoir des modèles de l'Anglelerre, c'est nous qui aurions porté dans le Nord le culte de la vérité poétique du *romanticisme*.

(Cette idée me paraît belle. Il me semble qu'il faudrait la développer. Le Tasse, au lieu d'imiter Homère, aurait imité des Dantes, qui, eux-mêmes, n'eussent pas imité Virgile.)

1. ↑ Ces pages ont été écrites par Stendhal à Milan au début de 1818 et publiées pour la première fois par R. Colomb en appendice à son édition de Racine et Shakspeare (1854). N. D. L. É.
2. ↑ « Qui ne connaît pas l'impitoyable Eurysthée, et les sanglants autels du détestable Busiris ? »
3. ↑ Vivant de leur revenu. (*Note de Colomb*.)
4. ↑ L'*Edinburgh-Review* paraît depuis 1802. Chaque cahier de deux cents pages très-serrées coûte, à Londres, sept francs quarante centimes et à Genève dix francs, cela fait une dépense de quarante francs par an. Les rédacteurs connus sont MM. Jeffrey, Smith, Makintosch, Alison, Makensie, etc., et trente ou quarante rédacteurs volontaires qui, de toutes les parties de l'Angleterre, envoient des articles anonymes. M Jeffrey, sans savoir leurs noms, choisit les meilleurs articles.
5. ↑ Poèmes de Monti. N. D. L. É.
6. ↑ Allusion au délicieux concert donné dernièrement, au profit d'un malheureux militaire, par madame Elena Viganó, la prima dilettante d'Italia. Personne n'a jamais mis autant d'âme dans le chant.
7. ↑ Allusion à la tragédie d'*Antoine et Cléopâtre,* dans le premier acte de laquelle Shakspeare a divinement peint l'amour que nous sentons tous les jours, l'amour heureux et satisfait, sans pour cela être languissant.
8. ↑ Miss Doris Gunnell a fait remarquer que tout ce chapitre, depuis la p. 176 jusqu'ici, est traduit de la *préface* de Johnson aux *Œuvres* de Shakspeare. N. D. L. É.
9. ↑ Pièce de N. Lemercier. N. D. L. É.
10. ↑ Allusion au *Siége de Numance*, tragédie de Cervantes.
11. ↑ Chapitre, fait observer M. Martino, en partie adapté et traduit de l'*Edinburgh-Review*. Une partie de ces pages, et seulement à l'état de brouillon, se trouve dans les manuscrits de Grenoble. N. D. L. É.
12. ↑ Ceci est un extrait excellent de Johnson ; vous m'en avez averti. (Note en marge, de la main d'un inconnu.)
13. ↑ N° 54, page 277. « Tout ce qu'il y a dans cette brochure est traduit de l'allemand ou de l'anglais. L'auteur avoue franchement qu'il est trop ignorant pour élever la voix en son propre nom parmi des adversaires aussi redoutables. S'il a osé faire entendre sa voix, c'est seulement comme ayant eu le temps de faire connaissance avec les livres et l'esprit général de la littérature anglaise, pendant *il longhissimo tempo della sua prigione colà*. Plusieurs des illustres combattants parmi lesquels il ose se mêler défendent, à son avis, une mauvaise cause ; mais il avoue, avec une

modestie qui n'est que de la vérité, que tous lui sont infiniment supérieurs et par le talent, et par la science, et par l'art si séduisant d'exposer leurs idées. Il y a du plaisir à rompre une lance en aussi bonne compagnie. »

Bonne plaisanterie ! (Note de l'inconnu.)

14. ↑ Comparez le succès de *Lallah-Roock* de M. Moore, qui a paru en juin 1817, et dont j'ai sous les yeux la onzième édition, au succès du *Camillo* du très-classique M. Botta !
15. ↑ Bibliothèque de Milan.

II

DES PÉRILS
DE LA
LANGUE ITALIENNE
OU MÉMOIRE À UN AMI INCERTAIN DANS SES IDÉES SUR LA LANGUE[1]

> Guittone d'Arezzo, Bonnagiunta da Loreta, Gallo Pisano, Mino Senese, Brunetto Fiorentino furibondi tutti in questa ebrietà del credere illustri le plebee loro favelle.
>
> DANTE, *Volgar*. E. lib. I. cap. 13.

GIORNATA PRIMA

UNE langue est une convention ; il faut que plusieurs millions d'hommes conviennent d'exprimer leurs idées non seulement par les mêmes mots, mais encore par les mêmes *tournures*.

Or c'est ce qui n'arrive point, en Italie. Un des plus grands poètes que possède l'Europe, l'homme immortel auquel nous devons la *Mascherionana*, la *Basvigliana*, l'*Aristodemo*, et cette *Iliade* si sublime et si simple, ce grand homme, dis-je, voulant se reposer de ses longs travaux en vers, consacre sa vieillesse à écrire sur cette langue dont il a étendu l'empire. Sans doute, il va consacrer par la sanction de son génie les *tournures* et les *mots* dont il s'est servi pendant quarante ans pour exprimer d'une manière si claire et si pittoresque tant d'images sublimes. Il va consacrer les arrêts de l'*usage,* ce despote éternel et toujours agissant des langues.

L'usage ! s'est écrié l'ami avec lequel je venais d'acheter le livre de Monti, ce mot ni ce despote n'existent pas en italien. Nous ne cherchons pas à constater d'une façon claire la manière dont *nous parlons*, mais la manière dont *on parla*.

J'ouvre l'ouvrage du grand poète. Je m'attendais à voir le dictateur du goût, l'homme qui écrivit d'une manière si claire et si brillante, en prononcer les oracles. Je trouve un tribun du peuple, timide tel que ceux de Rome avant qu'ils eussent obtenu le consulat pour les plébéiens, qui, ayant des raisons invincibles, ose à peine les proposer, un esclave révolté qui n'ose rencontrer les yeux de son maître, un soldat couvert des lauriers, et qui ayant des droits certains et évidents à la possession d'une vaste plaine, sera trop heureux si le maître irrité veut bien lui accorder la possession d'un petit champ.

Frappé de ce contraste[2] unique dans l'histoire des langues qui se partagent l'Europe, j'étudie l'histoire de ce jardin du monde, de cette belle Italie qui conquit tous les autres peuples du temps des Romains, qui les civilisa sous Léon X, qui, sous Grégoire VII, sans avoir un soldat, fut une seconde fois la maîtresse du monde, et qui aujourd'hui coupée en morceaux par le ciseau des Parques, règne encore sur les autres peuples par l'empire des plus doux plaisirs. Dès que les barbares fatigués de leurs querelles sanglantes veulent oublier leurs blessures, et cicatriser les plaies de leurs cœurs, nous les voyons accourir dans notre belle patrie. Ils viennent se consoler des malheurs de la vie aux accents enchanteurs de Rossini, devant l'Hébé de Canova, ou en contemplant les fureurs d'Othello et les grâces enchanteresses de Desdémona. La cause qui arrête la marche de l'esprit d'un peuple si intéressant pour tout l'univers, du premier peuple du monde, ne peut être que curieuse à chercher[3].

Le premier instrument du génie d'un peuple, c'est sa langue. Que sert à un muet d'avoir beaucoup d'esprit ? Or l'homme qui ne parle qu'une langue entendue de lui seul est-il si différent d'un muet ?

Une langue bien faite soutient le génie de l'homme qui la parle. Par exemple, il est impossible d'être *obscur* en français, ou d'être frivole en parlant *anglais*. On ne peut plus déraisonner en chimie depuis que Lavoisier en a fait une langue. Un Italien, le comte Lagrange, a porté à une telle perfection la langue de l'analyse mathématique que, dès que le géomètre se trompe, chose admirable ! il en est averti par l'instrument dont il se sert. Telles seront les langues modernes, lorsque chacune aura adapté à son génie particulier la grammaire générale du collègue de Lagrange, l'immortel comte de Tracy.

Mais où prendre le génie particulier de la langue italienne ? Rien de plus facile à résoudre que ce problème si nous ne rencontrions pas sous nos pas une race de privilégiés, ou si nous avions le courage de ne faire attention qu'aux *droits* et non pas aux privilèges, si nous voulons pour un instant ne pas plus respecter Florence que Milan.

Où prendre le génie particulier de la langue italienne ? Rien de plus simple. Faites comme les Français. Prenez ce qu'il y a de *commun* dans la langue qu'ont écrite Le Tasse, l'Arioste, le Dante, Pétrarque, Monti, Alfieri, Machiavel, Boccace, Métastase, Bembo, Casa, Genovesi, Foscolo, Vico, Parini, Beccaria, les Verri, les Gozzi, le Pindemonti, Cuoco, Mario Pagano, Goldoni, Algarotti, Guicciardino, Davila, Pignotti, l'Aretino, Spallanzani, Baretti et cent autres.

Tous ces hommes illustres dont les noms se pressent dans ma mémoire, n'ont-ils donc pas fourni un *dictionnaire suffisant* pour que vous puissiez, en vous servant des *mots* et des *tournures* qui remplissent leurs ouvrages, exprimer vos pensées ?

— Ha ! ce n'est pas de cela qu'il s'agit me dit mon ami, que dira-t-on de mon style à Florence ? Vous voyez Monti, vous voyez le plus grand homme que possède l'Italie trembler devant l'armée des pédants.

— Les pédants, est-ce qu'ils ne sont pas méprisés en Italie, comme en Angleterre et comme en France ?

— Méprisés ! Prenez garde qu'on ne nous écoute. Méprisés ! ce sont les despotes tout puissants, ce sont les dieux de notre littérature. Ne vous ai-je pas dit, ô jeune homme si étranger encore aux choses de ce monde, ne vous ai-je pas dit que nous ne cherchons pas à parler comme *on parle*, mais à parler comme *on parla*. De là, les pédants, qui savent comment *on parla*, sont nos premiers maîtres. Nous avons pris à rebours l'usage de toute l'Europe.

Le jeune homme. — Comment, nous Italiens qui avons tant de génie naturel et qui avons si souvent[4] dominé ou éclairé l'Europe, nous n'avons pas eu l'esprit de faire ce que tous les peuples ont fait !

Le vieillard. — Nous avons été grands de trop bonne heure. Le malheur de notre littérature, c'est que l'Italie républicaine et énergique valait réellement mieux au treizième siècle qu'elle n'a jamais valu depuis.

Il n'en reste pas moins d'une haute absurdité de vouloir que l'homme civilisé du dix-neuvième siècle parle la langue du barbare du treizième, qui pouvait avoir le cœur plus généreux et l'âme plus grande, mais qui, tout absorbé dans les soins de la liberté et du commerce, pour la langue et pour les idées autres que celles du moment, sera toujours un barbare. C'est comme si, à Rome, le siècle corrompu, mais éclairé des Virgile et des Horace se fût obstiné à parler la langue barbare en usage aux temps des Cincinnatus, des Camille et des autres demi-dieux de Rome. Alfieri, qui manquait d'esprit, n'a jamais fait cette distinction, et il a dit :

> il trecento parlava
> il cinquecento balbettava.

1. ↑ Le brouillon de ce travail ainsi que sa traduction italienne, qui datent de février-mars 1818, existent dans les manuscrits de la Bibliothèque de Grenoble. Mais nous avons suivi ici le texte de la copie, corrigée de la main de Stendhal, qui appartient à M. Édouard Champion, texte qu'avait déjà donné M. Pierre Martino dans sa remarquable édition de *Racine et Shakspeare* parue dans les Œuvres Complètes de Stendhal à la librairie Champion. N. D. L. É.
2. ↑ *Sur le verso de la feuille précédente :* Frappé de ce contraste mi sento strascinato a fare qualche riflessione sullo spirito della lingua, sulle circonstanze che hanno contribuito a svilupparla, sull'ingegno e passioni di qu'uomini dai quali essa ricevette forma ed anima, e sulla capacità e passioni di quelli che assonsero di raccogliere le voci della lingua e darne li precetti. Finalmente andrò di leggero esaminando se quella lingua che poteva, o potè essere un mezzo sufficiente per esprimare i pensieri dal 1200 sino al 1700, poteva esserlo egualmente sino al 1800, e possa in buona fede poi ritenersi da quest'epoca in avvenire.

Stendhal indique ici en note qu'il avait en vue un passage du *Discours sur l'universalité de la langue française* de Rivarol. N. D. L. É.

3. ↑ *Sur le verso du feuillet 2 :* Il y a de la *sottise* et de la présomption à un étranger de vouloir combattre les idées d'un homme sur sa propre langue. Ma la prego di badar bene che queste idee non sono mie, sono scelte in varii grandi filosofi che lei forse non conosce. 1er mars 1818.

4. ↑ L'Italie a dominé l'Europe sous les Romains et sous Grégoire VII ; en Belgique comme au fond de l'Espagne, on trouve la *tour de César* et la *Bulle* de Rome. L'Italie a éclairé et civilisé l'Europe du temps de la docte et sage Étrurie et sous Léon X. Elle la domine encore aujourd'hui par l'empire des arts, empire si glorieux parce qu'il est volontaire. À Munich comme à Barcelone et à Londres et à Odessa, si l'on veut avoir un bon spectacle musical, on joue Rossini ; si une famille veut élever un tombeau à une mère chérie, ou posséder une statue parfaite on invoque Canova (*a*). Enfin la lyre est muette en Europe ; elle a été glacée par les discussions politiques, et l'un des deux êtres privilégiés sous les doigts desquels elle rend encore des sons enchanteur, est Italien. Dès qu'on parle poésie, il faut toujours nommer Monti et Lord Byron.

(*a*) Tombeau de Mme Espagnole. Le Prince Régent d'Angleterre, voulant une belle statue, l'a demandée à notre immortel Vénitien.

III

DU ROMANTICISME
DANS
LES BEAUX-ARTS[1]

PRÉFACE

La situation littéraire en Italie en 1819.

21 février 1819.

E N 1819, nous ne donnons pas assez d'attention en Italie à un phénomène des plus heureux pour notre littérature et pour nos arts. C'est que nous sommes la seule nation qui ait de *l'attention au service de la littérature*.

En France, on ne parle que de constitution et de lois organiques, d'ultras et d'indépendants.

En Angleterre, il faut bien comprendre, le cas des ouvriers de Manchester, dont la révolte a rempli tous les journaux pendant l'été de 1818.

Ces pauvres gens, qui sont quarante mille, gagnent 4 shillings par jour (4 fr. 80 c.). C'est tout ce que leurs maîtres peuvent leur donner. S'ils leur donnaient 4 shillings et demi, les produits des manufactures anglaises apportés sur le continent, seraient plus chers que les produits des manufactures du continent. Maintenant grâce aux impôts qui ont été mis depuis 1792 pour humilier la France, un ouvrier anglais travaillant 14 heures par jour *ne peut pas* vivre avec 4 shillings. C'est ce qui fait que sur dix hommes qu'on rencontre dans la rue à Londres ou à Bristol, un au moins reçoit l'aumône de sa paroisse[2]. Croit-on qu'un pays rongé par un tel malheur ait du temps à donner à la littérature ou aux arts ? Il est bien moins près du bonheur que la France qu'il a combattue avec un succès apparent. Il est bien moins heureux que l'Italie où l'on a le temps de rire et d'aller applaudir Rossini.

Remarquez que les trois quarts des hommes distingués en tout genre sortent de la classe pauvre qui, en Angleterre, n'a ni le loisir de lire, ni l'argent nécessaire pour acheter des livres.

Supposons qu'il naisse un génie hardi en Angleterre. Au lieu de chercher à devenir un Shakspeare, il deviendra, s'il peut, un lord Erskine, ou mourra sur la route.

Supposons qu'un Voltaire naisse à Paris. Au lieu de publier la tragédie d'*Œdipe* et d'attaquer M. de La Motte, il cherchera à connaître M. Benjamin Constant et ensuite écrira dans le *Conservateur* ou dans la *Minerve*.

Savez-vous ce qu'on fait dans l'Amérique méridionale ? On y ampute les jambes aux malheureux blessés avec des lames de sabre[3]. Voila où en sont les arts utiles.

Dans l'Amérique du Nord, on songe à faire de l'argent et non pas à se procurer les douces jouissances des arts et de la littérature. Les premiers hommes du pays blasphèment les arts. Voyez cet Anglais si judicieux, Morris Birkbeck, parlant des chapiteaux de marbre que le gouvernement américain a fait venir de Rome pour les colonnes du Capitole de Washington.

Voyez la discussion sur l'achat de la bibliothèque que l'illustre Jefferson offrait au public.

Trouve-t-on dans toute cette Amérique, si prospérante et si riche, une seule copie en marbre de l'*Apollon du Belvédère* ?

Les grands génies en Amérique tournent directement à l'*utile*. Voilà le caractère de la nation. Ils se font Washington ou Franklin et non pas Alfieri ou Canova.

L'attention est partout pour les discussions d'utilité et de politique et l'habitude de ces discussions rend impropre aux arts. Nous seuls, nous avons encore l'âme accessible aux douces sensations des arts et de la littérature.

Je n'hésite pas à le dire : dans l'état où en sont les choses en 1819, le véritable siège de la littérature, c'est le pays qui trois fois déjà a civilisé le monde :

1º Aux temps de l'antique Étrurie.

2º Sous Auguste.

3º Par le siècle de Léon X.

Pour prendre la place que la force des choses nous indique, sachons être d'opinions différentes, sans devenir ennemis ; laissons les basses injures à la canaille et méritons une sage liberté.

Un bon livre publié à Milan ferait événement ; à Paris, il serait étouffé par un pamphlet sur la conspiration de Lyon et le g^{al} Canuel, et à Londres, par la discussion de la loi pour l'émancipation des catholiques.

Allez publier aujourd'hui à Munich une belle tragédie, et vous verrez l'effet qu'elle produira.

C'est pour cela que la question du romanticisme qui intéresse encore plus la France que l'Italie (car nos deux plus grands poètes, le Dante et l'Arioste, sont archi-romantiques), que la question du romanticisme, dis-je, s'agite dans ce moment à Milan et non à Paris. Nous avons même vu par la conversation du bal masqué que ce mot romanticisme est arrivé jusqu'aux classes de la société qui ne comprennent rien a la littérature.

Prions Dieu que quelque homme de talent prenne ici la défense du classicisme, publie une bonne réfutation des deux opuscules de M. Ermès Visconti et force ainsi les romantiques à faire usage de tout leur esprit et à ne laisser aucune erreur dans leur théorie.

Raisonnements littéraires à la mode en 1819.

Cet homme n'est pas de mon avis, donc c'est un sot ; il critique mon livre, donc il est mon ennemi ; il est mon ennemi, donc c'est un scélérat, un voleur, un assassin, un âne, un faussaire, un *mascalzone,* un *vile,* etc., etc., etc., etc., etc.

1. ↑ Ce chapitre se trouve disséminé dans les manuscrits de Grenoble dans le dossier R.5896, volume II, et dans la Correspondance recueillie par Romain Colomb. M. Pierre Martino, le premier, montra la liaison de ces différents morceaux et les donna en Appendice de son indispensable édition de *Racine et Shakspeare* à la Librairie Champion. Il les avait auparavant fait connaître dans la *Revue de littérature Comparée,* octobre-décembre 1922. N. D. L. É.
2. ↑ Voir le singulier ouvrage intitulé : *Vie de l'évêque Watson* écrite par lui-même. C'est là que l'on voit réellement ce que c'est que l'aristocratie anglaise. Voir aussi les discours prononcés en 1818 à la Chambre des Communes sur la question des pauvres.
3. ↑ *Monthly Revlew,* par sir Richard Philips.

ID

DE MOLIÈRE
DE REGNARD

ET

DE QUELQUES OBJECTIONS[1]

Q UELQUES personnes qui ont eu la bonté de lire cette brochure jusqu'au bout, ont dit à l'auteur que ses idées leur semblaient surtout s'appliquer peu à Molière. Il se peut qu'un homme de génie, en faisant des ouvrages qui plaisent infiniment aux hommes d'une des époques de la civilisation, donne encore plus de plaisir aux hommes d'une époque absolument différente que les artistes médiocres de cette seconde époque. Ces artistes médiocres seront principalement ennuyeux parce qu'ils copient judaïquement les ouvrages du grand homme. Ils ne savent voir ni la nature telle qu'elle est sous leurs yeux, ni la nature telle qu'elle fut quand le grand homme en donna ses imitations sublimes.

On a jugé convenable de faire un nouveau chapitre sur Molière, et l'on est entré dans quelques raisonnements sérieux, au risque de paraître lourd.

Cette brochure m'a valu un honneur dont je suis fier. Quelques-uns des hommes que leurs écrits, et non pas leurs visites du soir, ont placés à la tête des lettres, quelques-uns de ces hommes dont les écrits font le charme de mes loisirs, ont daigné me faire des objections. J'ai hasardé d'y répondre par un nouveau chapitre. Si je me fusse livré à exprimer mes doutes sur moi-même aussi souvent que je sentais combien j'ai de raisons d'être modeste, ce chapitre ajouté eût été fort long. J'ai respecté à ce point mes nobles adversaires, que j'ai cru qu'ils auraient assez d'orgueil pour aimer la vérité sans formules. J'ai donc parlé simplement, comme on parle aux immortels, disant avec simplicité, non peut-être ce qui est vrai, mais ce qui me semble vrai.

1. ↑ Nous rangeons sous ce titre les pages qui avaient été placées par Colomb dans son édition de 1854, à la suite des trois chapitres de la plaquette de 1823. Elles avaient sans aucun doute été écrites après la publication de Racine et Shakspeare, I, et étaient évidemment destinées dans la pensée de l'auteur à en grossir une réédition. N. D. L. É.